玄學錦囊

姓名篇

新修版

圓方出版社

出版説明

《蘇民峰玄學錦囊 姓名篇》一書，初版至今已有一段日子，期間反應熱烈，多年來先後數次修訂再版，相信讀過前幾版內容的讀者，應該知道蘇民峰師傅首創的「蘇民峰改名法」，不只用法簡單，易於掌握，內容上更會與時並進，務求切合當刻天時地利之勢。

隨着大眾對玄學的興趣日漸提升，這次「新修版」正是因應新時代而面世。蘇師傅既刪減一些較少人採用的姓名用字，亦增加許多結合實際生活所需的新例子；重點是再優化改名理論，豐富實用資料。

希望本書能夠將中國傳統的改名方法推廣普及，讀者既可以一邊溫故知新，一邊舉一反三，從而給自己或下一代找到一個最理想的名字。

圓方出版社

二〇二二年四月

蘇民峰 長髮，生於一九六〇年，人稱現代賴布衣，對風水命理等術數有獨特之個人見解。憑着天賦之聰敏及與術數的緣分，對於風水命理之判斷既快且準，往往一針見血，疑難盡釋。

以下是蘇民峰這三十多年之簡介：

八三年 開始業餘性質會客以汲取實際經驗。

八六年 正式開班施教，包括面相、掌相及八字命理。

八七年 毅然拋開一切，隻身前往西藏達半年之久。期間曾遊歷西藏佛教聖地「神山」、「聖湖」，並深入西藏各處作實地體驗，對日後人生之看法實跨進一大步。回港後開設多間店舖（石頭店），售賣西藏密教法器及日常用品予有緣人士，又於店內以半職業形式為各界人士看風水命理。

八八年 夏天受聘往北歐勘察風水，足跡遍達瑞典、挪威、丹麥及南歐之西班牙，回港後再受聘往加拿大等地勘察。同年接受《繽紛雜誌》訪問。

八九年 再度前往美加，為當地華人服務，期間更多次前往新加坡、日本、中國臺灣等地。同年接受《城市周刊》訪問。

九〇年 夏冬兩次前往美加勘察，更多次前往中國臺灣，又接受中國臺灣之《翡翠雜誌》、《生活報》等多本雜誌訪問。同年授予三名入室弟子蘇派風水。

九一年 續去美加、中國臺灣勘察。是年接受《快報》、亞洲電視及英國 BBC 國家電視台訪問。所有訪問皆詳述風水命理對人生的影響，目的為使讀者及觀眾能以正確態度去面對人生。同年又出版了「現代賴布衣手記之風水入門」錄影帶，以滿足對風水命理有研究興趣之讀者。

九二年 續去美加及東南亞各地勘察風水，同年 BBC 之訪問於英文電視台及衛星電視「出位旅程」播出。此年正式開班教授蘇派風水。

九四年 首次前往南半球之澳洲勘察，研究澳洲計算八字的方法與北半球是否不同。同年接受兩本玄學雜誌《奇聞》及《傳奇》之訪問。是年創出寒熱命論。

九五年 再度發行「風水入門」之錄影帶。同年接受《星島日報》及《星島晚報》之訪問。

九六年 受聘前往澳洲、三藩市、夏威夷、台灣及東南亞等地區勘察風水。同年接受《凸周刊》、《壹本便利》、《優閣雜誌》及美聯社、英國 MTV 電視節目之訪問。是年正式將寒熱命論授予學生。

九七年 首次前往南非勘察當地風水形勢。同年接受日本 NHK 電視台、丹麥電視台、《置業家居》、《投資理財》及《成報》之訪問。同年創出風水之五行化動土局。

九八年 首次前往意大利及英國勘察。同年接受《TVB 周刊》、《B International》、《壹週刊》等雜誌之訪問，並應邀前往有線電視、新城電台、商業電台作嘉賓。

九九年 再次前往歐洲勘察，同年接受《壹週刊》、《東周刊》、《太陽報》及無數雜誌、報章訪問，同時應邀往商台及各大電視台作嘉賓及主持。此年推出首部著作，名為《蘇民峰觀相知人》，並首次推出風水鑽飾之「五行之飾」、「陰陽」、「天圓地方」系列，另多次接受雜誌進行有關鑽飾系列之訪問。

二千年 再次前往歐洲、美國勘察風水，並首次前往紐約，同年 masterso.com 網站正式成立，並接受多本雜誌訪問關於網站之內容形式，及接受校園雜誌《Varsity》、日本之《Marie Claire》、復康力量出版之《香港100個叻人》、《君子》、《明報》等雜誌報章作個人訪問。同年首次推出第一部風水著作《蘇民峰風生水起（巒頭篇）》、第一部流年運程書《蛇年運程》及再次推出新一系列關於風水之五行鑽飾，並應無綫電視、商業電台、新城電台作嘉賓主持。

〇一年

再次前往歐洲勘察風水，同年接受《南華早報》、《忽然一周》、《蘋果日報》、日本雜誌《花時間》、NHK電視台、關西電視台及《讀賣新聞》之訪問，以及應紐約華語電台邀請作玄學節目嘉賓主持。同年再次推出第二部風水著作《蘇民峰風生水起（理氣篇）》及《馬年運程》。

〇二年

再一次前往歐洲及紐約勘察風水。續應紐約華語電台邀請作玄學節目嘉賓主持，及應邀往香港電台作嘉賓主持並接受《3週刊》、《家週刊》、《快週刊》及日本的《讀賣新聞》之訪問。是年出版《蘇民峰玄學錦囊（相掌篇）》、《蘇民峰八字論命》、《蘇民峰玄學錦囊（姓名篇）》。

〇三年

再次前往歐洲勘察風水，並首次前往荷蘭，續應紐約華語電台邀請作玄學節目嘉賓主持。同年接受《星島日報》、《東方日報》、《成報》、《太陽報》、《壹週刊》、《壹本便利》、《蘋果日報》、《新假期》、《文匯報》、《自主空間》之訪問，及出版《蘇民峰玄學錦囊（風水天書）》與漫畫《蘇民峰傳奇1》、《蘇民峰風生水起（例證篇）》。

〇四年

再次前往西班牙、荷蘭、歐洲勘察風水，續應紐約華語電台邀請作風水節目嘉賓主持，及應有線電視、華娛電視之邀請作其節目嘉賓，同年接受《新假期》、《MAXIM》、《壹週刊》、《太陽報》、《東方日報》、《星島日報》、《成報》、《經濟日報》、《快週刊》、《Hong Kong

Tatler》之訪問，及出版《蘇民峰之生活玄機點滴》、漫畫《蘇民峰傳奇2》、《家宅風水基本法》、《The Essential Face Reading》、《The Enjoyment of Face Reading and Palmistry》、《Feng Shui by Observation》及《Feng Shui — A Guide to Daily Applications》。

○五年始

應邀為無綫電視、有線電視、亞洲電視、商業電台、日本NHK電視台作嘉賓或主持，同時接受《壹本便利》、《味道雜誌》、《3週刊》、《HMC》雜誌、《壹週刊》之訪問，並出版《觀掌知心（入門篇）》、《中國掌相》、《八字萬年曆》、《八字入門捉用神》、《八字進階論格局看行運》、《生活風水點滴》、《風生水起（商業篇）》、《如何選擇風水屋》、《談情説相》、《峰狂遊世界》、《瘋蘇Blog Blog趣》、《師傅開飯》、《蘇民峰美食遊蹤》、《蘇民峰 • Lilian蜜蜜煮》、《A Complete Guide to Feng Shui》、《Practical Face Reading & Palmistry》、《Feng Shui — a Key to Prosperous Business》、五行化動土局套裝、《相學全集一至四》、《八字秘法（全集）》、《簡易改名法》、《八字筆記（全集）》、《蘇語錄與實用面相》、《中國掌相》、《風水謬誤與基本知識》。

蘇民峰顧問有限公司
網址：https://www.masterso.com
預約及會客時間：星期一至五下午二時至五時

自序

俗語有謂：「唔怕生壞命，最怕改壞名」。因此，很多父母為求子女一生順利，學業、事業有成，身體健康，活得開心，過得快樂，都會非常認真地為孩子挑個好名字。這本玄學錦囊《姓名篇》，也就應運而生了。

姓名學包含多個派別，例如部首派、畫數派、五行派、八字派等，當中以畫數派最為普及。而本人所創的「蘇民峰改名法」之用法就最為簡單，只要計算出自己到底屬於寒命、熱命或平命，便可進行改名。

至於書中介紹的取名用字原則，則建基於中國古代的改名法——以五音五行為重點，配合個人之出生時辰及命格所需之五行，然後再配以畫數靈動吉凶，來定出一個好名字。

讀者參考本書時，會發現有些字會歸屬於不同筆畫數的欄目下，這是因為漢字有正寫和俗寫之分，例如「逸」字的正寫為十二畫，俗寫卻是十三畫；「紫」字的正寫為十一畫，俗寫卻是十二畫。事實上，兩者皆可用，沒有對錯之分。

此外，本書以五音定五行，就是根據唇、舌、喉、牙、齒音來釐訂該字到底應歸類於水、火、土、木、金哪一類。但由於某些文字同時以兩個甚至三個器官發音，故此同一個字也會被歸屬於兩個或三個的五行，例如「賢」字需並用牙、齒發音，所以五行既屬金，也屬木。讀者使用時，宜多加注意。

蘇民峰

目錄

蘇　潘　朱　郭　黎　胡　徐

姓名學之派別

部首派

是以每字之部首畫數計算，如：

「草」字——草花頭作「艸」，以六畫算，所以草字為十二畫。

「這」字——辶作辵字算，所以這字為十四畫。

「潛」字——氵作水字算，所以潛字為十六畫。

「忙」字——忄作心字算，所以忙字為七畫。

餘此類推。其他例子如下：

忄＝心 4 畫
扌＝手 4 畫
氵＝水 4 畫
犭＝犬 4 畫
（左）阝＝阜 8 畫
（右）阝＝邑 7 畫

王＝玉 5 畫
罒＝网 6 畫
穴＝网 6 畫
冈＝网 6 畫
月＝肉 6 畫
艹＝艸 6 畫
辶＝辵 7 畫

歹＝歺 4 畫
母＝毋 4 畫
氺＝水 4 畫
四＝网 6 畫
衤＝衣 6 畫

字面派

字面派即以字面畫數計算，如：

「草」字——為十畫。

「這」字——為十一畫。

「潛」字——為十三畫。

「忙」字——為六畫。

字面五行派（這是錯誤的，一般懂姓名學的人都不會用這法。）

有木字部或草木之意，字屬木；有火字旁及有火字之意，屬火；有土字旁及有土之意的字，屬土；有金字旁及金字之意的字，屬金；有水字旁或有水字之意的字，屬水。例如：

木——草、林、森、禾等字。

火——火、炎、烹、爐等字。

土——土、壁、石、牆、路等字。

金——金、鑫、銅、鋼等字。

水——水、濕、淼、湖、海等字。

五音五行派（真正的五行）

五音五行派是根據中國五音所屬之五行而定出每字發音的五行。

角——木——牙音（月、元、彥、紀）

徵——火——舌音（斗、天、汨、東）

宮——土——喉音（尤、曰、易、阿）

商——金——齒音（氏、升、丞、思）

羽——水——唇音（文、比、炳、保）

以上五音，水用唇發音，火用舌頭發音，土用喉嚨發音，比較容易掌握，但木用牙發音，金用齒發音，則比較容易混淆，故宜多加練習，好好掌握。

畫數派

現代的姓名學大多宗師於畫數派。畫數派其實原創於日本「熊崎氏姓名學」，再傳至台灣，然後再流傳至香港。此派主要將名字的畫數分成一至八十一畫，然後定出甚麼畫數為凶數，甚麼畫數為吉數，並配以天格、人格、地格、外格、總格，從而定出姓名之吉凶禍福。

這書所用的姓名學，是以字面畫數、五音五行，再配以畫數吉凶，從而定出一個好名字。

我在本書介紹的取名方法，是建基於中國古代的改名法。此法以五行為重點，並配以個人出生之時辰、行業之五行、地運之五行及所需之五行，再配合畫數之靈動吉凶，來定出一個理想的名字。

商店

張甘

林

[illegible]

改名法

地運五行法

不論人名或公司名字，改名時皆可參考地運五行。如七運屬金，可用金旺的名字；如八運屬土，則可用土旺的名字。

以下為各地運之五行屬性：

八運屬土（二〇〇四至二〇二三年）
九運屬火（二〇二四至二〇四三年）
一運屬水（二〇四四至二〇六三年）
二運屬土（二〇六四至二〇八三年）
三運屬木（二〇八四至二一〇三年）
四運屬木（二一〇四至二一二三年）
五運屬土（二一二四至二一四三年）

六運屬金（二一四四至二一六三年）

七運屬金（二一六四至二一八三年）

然後餘此類推，一百八十年為一個循環。

地運改名法主要利用九星五行來生旺公司名字之五行，尤其是沒有大老闆入主的公司最為適合。不論運數五行或運數五行所生，皆可為用。如八運屬土，可用土及金的名字，因為土可生金；如九運屬火，可用火及土的名字；如一運屬水，則可用水及木的名字，餘此類推。

八字改名法

此法主要依據自己出生的八字五行所屬，從而產生「生我」、「剋我」、「我生」、「我剋」及「同我」。

「我生」者為思想、學習、智慧。

「我剋」者為財，男命亦為妻。

「剋我」者為地位、權力，女命為夫。

「生我」者為長輩、貴人、名氣。

「同我」者為我及朋友助力。

改名時，可根據上述的五種原理，來選擇自己所要或所欠的東西並加以配合。

例如閣下屬**木**：

「我生」者為火——

火代表閣下之智慧，如命中欠火或正在求學階段，便可以取火重之名字，以增智慧。

「我剋」者為財——

木剋土，土為木之財，亦為男命之妻。故如命中欠土財，則可改土旺之名字，從而增加財運及姻緣運。

「剋我」者為地位、權力——

金剋木，金為木之地位、權力，亦為女命之夫。如閣下想在權力上有所突破，又命中權力、地位無力，便可改金重的名字，藉以增加個人名望。至於女命，亦可以此增加姻緣運。

「生我」者為長上、貴人、名氣——

水生木，水為木之貴人、名氣。如命中水弱，可改水重的名字，從而增加貴人及名氣。

「同我」者為個人力量——

木見木為「同我」。如閣下從事專業或個人力量得財之工作，如律師、醫生、會計師、建築師，又或是從事多勞多得之工作，如地產經紀、金融業、美容業、表演事業等，均可利用木見木為「同我」的原則，透過增加木的力量，來增加工作量，從而達致多勞多得的效果。

如欲運用八字改名法，首先要知道自己的五行所屬，然後再找出何種五行有利自己之工作運、財運、姻緣運等。但因為不是每一個人都知道自己的五行所屬及五行之衰旺，又人在每一個時期都有不同之需要，所以八字改名法不太適合一般人使用。

蘇民峰改名法

此法以中國傳統改名法所用之五行宜忌，再配以熊崎式之畫數吉凶而成，原理簡單。用者只要計算自己到底屬於寒命、熱命還是平命，便可進行改名。

寒命——生於西曆八月八日（立秋）後，三月六日（驚蟄）前，宜用木、火名字。

熱命——生於西曆五月六日（立夏）後，八月八日（立秋）前，宜用金、水名字。

平命——生於西曆三月六日（驚蟄）後，五月六日（立夏）前，木、火、土、金、水皆可為用，然以金、水較佳。

得悉自己屬寒命、熱命還是平命以後，只需再配以畫數之吉凶即可。

公司改名法

一、可用八字改名法。

二、可用蘇民峰改名法。

如果公司沒有主要股東，則可用行業改名法：

三、行業改名法——此法以從事的行業之五行為主，宜根據此行業或旺此行業的五行取名。

如從事飲食業，飲屬水，食屬火，如以飲為主則宜用金、水之字，如以食為主，則宜用木、火之字。

如從事服裝銷售，由於衣服屬木，故宜改水、木之名字。

行業所屬之五行：

木——一切與植物有關之行業，如中藥、紙張、成衣、家俬等。

火——一切與發熱、燃燒有關之行業，如電器、電子產品、食物、塑膠、石油副產品等。

土——一切有關土、石之行業，如建築、建築材料等。

金——一切關於金屬之行業，如五金、機器、珠寶首飾等。

水——一切流動性之行業，如貿易、航運、旅遊、運輸、銀行、金融、經紀等。

只要再配以八十一畫靈動數，便可取得一個有利公司發展的名字。

五格

五格

中國所用之五行改名法，比較注重字音之五行所屬。但現代流行之熊崎式姓名學，則注重五格——天格、人格、地格、總格、外格——所組成的畫數吉凶，此學要求五格皆吉才算是一個好名字。為使各讀者能容易地依從中國五行改名之法則，又能用上熊崎式之畫數吉凶，我們選用較簡易之改名法便可以。

熊崎式改名法：

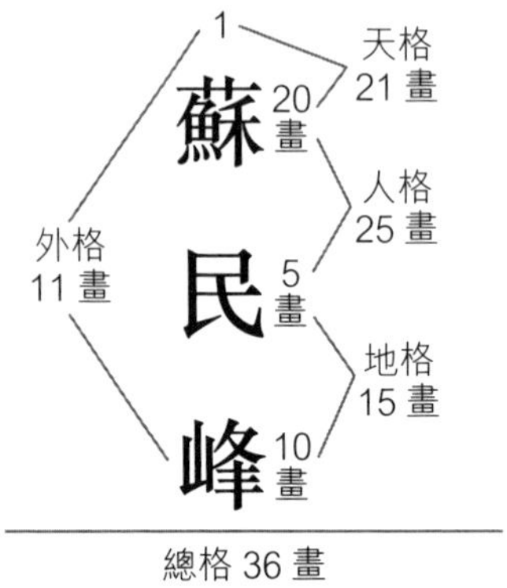

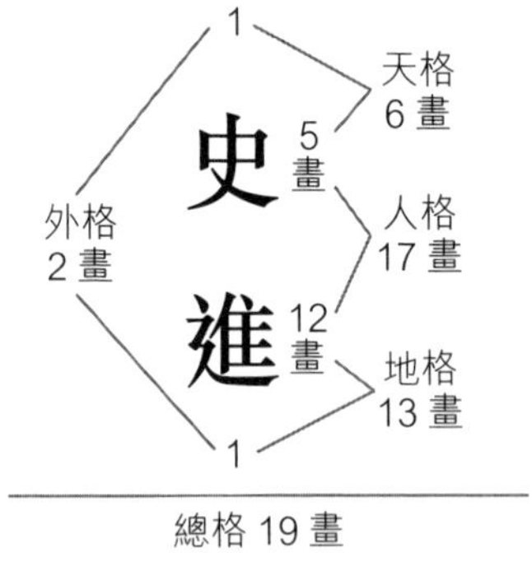

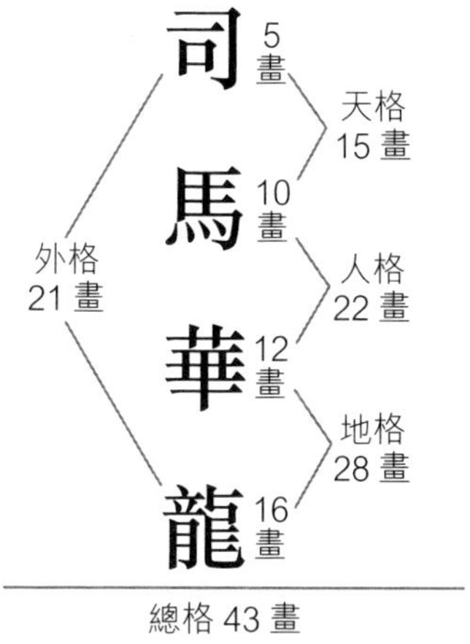

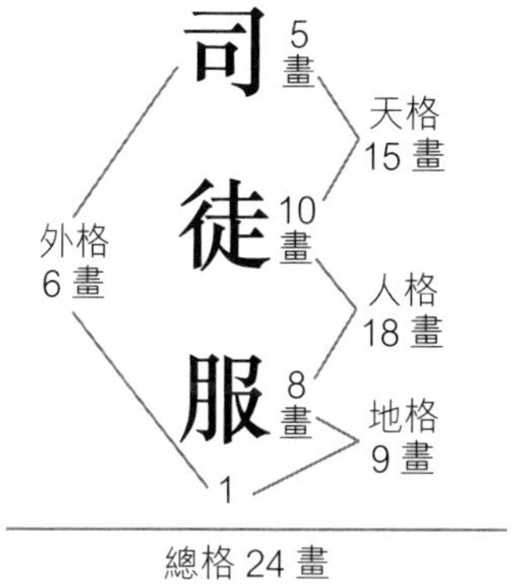

從以上四個格式，各位讀者不難發現，熊崎式改名法是每個名字皆以四個字為準則，所以二字姓名、三字姓名，必須在姓之上或名之下加上一畫以組成四個字，從而形成天格、地格、人格、總格、外格。但這樣又會出現另一個問題——如果姓氏是由三個字、四個字組成，又怎樣計算呢？就算不考慮這點，以中國北方的改名習慣，他們改名時多取單字，這樣會形成外格一定是二畫。但根據此姓名學之法則，二畫為破滅、短壽之數，又外格為副運、家運、社會關係，那是否表示取單字名字的人之家運都不好呢？又名分四字，主要是配合日本人的名字大多由四個字組成。所以，當我為中國人取名字時，都不會遵從上列方法，例子可見於下頁。

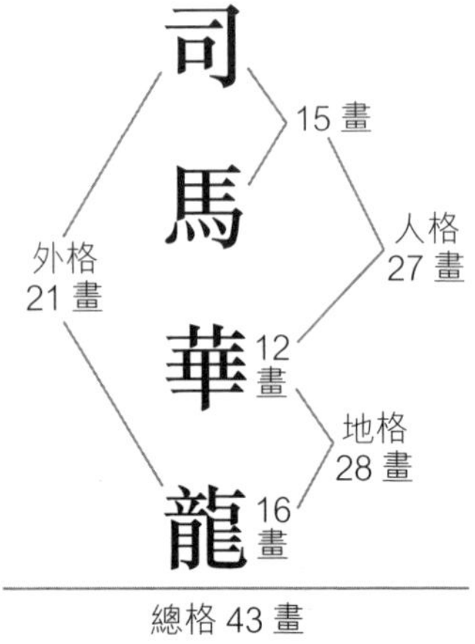
司
馬
華
龍
15 畫
12 畫
16 畫
外格 21 畫
人格 27 畫
地格 28 畫
總格 43 畫

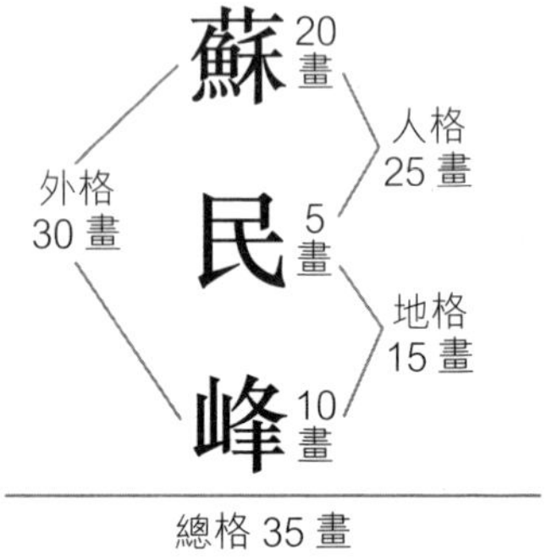
蘇
民
峰
20 畫
5 畫
10 畫
外格 30 畫
人格 25 畫
地格 15 畫
總格 35 畫

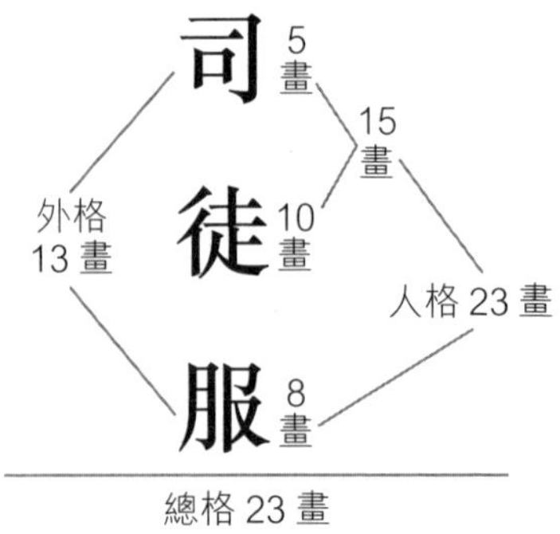
司
徒
服
5 畫
15 畫
10 畫
8 畫
外格 13 畫
人格 23 畫
總格 23 畫

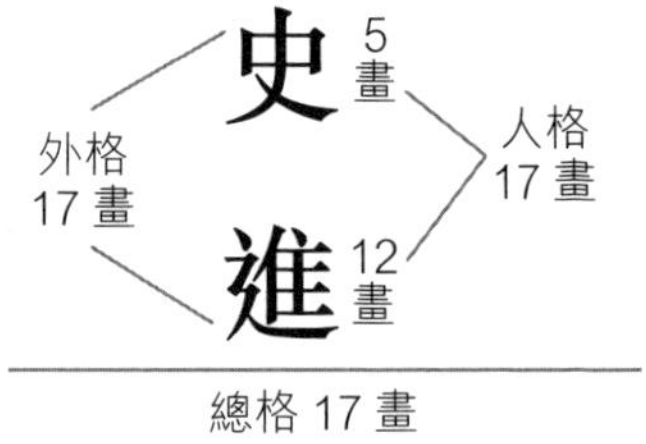
史
進
5 畫
12 畫
外格 17 畫
人格 17 畫
總格 17 畫

五格代表

●天格

為姓之組合，吉凶並無意義。

●人格

為姓名學之中心點，用以判斷人一生的吉凶好壞。如人格吉，則他格即使不佳，大體仍以吉論；但人格凶，則即使他格配合適宜，亦無所用。

●地格

地格為前運，為上半生之運氣。如與人格配合得宜，則早登雲路；如配合不宜，則互相牽制。同時，地格亦作判斷下屬晚輩有否助力之格。

總格

總格為判斷後運、中晚年之格。如配合得宜，對早運亦有一定之幫助；如配合不佳，則晚運難免崎嶇難行，淒涼零落。

外格

外格為副運，主外在及家族之助力。如外格配合得宜，一生易得外力之助，做事事半功倍。即使人格不佳，亦可發揮很大的補助作用。如人格與外格俱佳，而其他兩格配合稍差，亦無影響。但如人格、外格皆為凶，則其他兩格亦難起扶助之用。

八十一畫靈動理數

每個名字的五格均要配合畫數之靈動吉凶。八十一畫靈動理數是由「〇、一、二、三、四、五、六、七、八、九」所組成，而萬物之生皆無窮盡，正所謂一生二，二生三，三生萬物是玄關。三三不盡而成九，九九為八十一之數，八十為數之盡頭，而八十一是為一之再開始。

一畫　吉　天地開泰

天地初開，萬物生長之象，為大吉祥，健康福壽之數。

二畫　凶　渾沌模糊

渾沌不清，三才不定，陰陽未分，進退失據，無獨立之氣魄，搖擺不定，一生難有所成。

三畫　吉　陰陽初分

陰陽初分，萬物成形，為成就之象。其人有創造力，福壽綿長，能成大事，有領導才能。

四畫　凶　五行未立

陰陽已定，但五行未分，有不完整之象，主體弱多病、夭折、死變、狂亂、破滅，為大凶之數。其中亦有孝子、節婦、怪傑等出自此數。

五畫　吉　五行初定

五行已定，萬物分明，溫和敏捷，身健體佳，能得長上提攜，或復興家業，或異地功成，其人樂善好施，心地仁慈。

六畫　吉　天覆地載

為人重理智、守信用，家庭和順，作事有序，如得時運配合，能成大事；即使他運不配，亦不致一敗塗地。

七畫　吉　萬物躍動

性情剛直，獨立獨行，但有時性情剛暴，行事過急，宜多加注意修養。女性有此數者，易為女強人，但每難容於男性社會，故宜假裝溫柔，使兩性平衡，以得魚水之歡。

八畫　吉　動而有力

意志堅定，奮發功成，做事貫徹始終，勇往直前，以達成功之果。如他格配合不善，則體弱多病。得此數者，女性早婚不利，子緣不佳。

九畫　凶　陽極難繼

凡事不可去盡，因至九之數，其氣已盡，乃萬物皆滅之象，主困苦、病弱。男性一生懷才不遇，潦倒不堪，忌車怕水；女性姻緣不定，主外遇、守寡、短壽。主運有此數者更凶。但偶有怪傑、富豪亦出於此數。

十畫　凶　暗淡無光

萬物至終結之時，草木不生，其數更甚於九，代表前途黯淡，難見光明，主自殺、凶死。至於女性，則愛情生活黯淡，或短壽，或喪夫，一生難得幸福。

十一畫　吉　絕處逢生

萬物無死絕之象，自有退避，然死絕以後再醞釀重生，如枯草逢春，萬物有更新之象，主一生循序漸進，自得成功。此為成就之數，然不宜早婚，又為養子之數。

十二畫　凶　陽氣未足

萬物初生，陽氣未足，其氣柔弱，一遇狂風，即崩分離折，難達圓滿之境。此亦主緣薄，孤獨，自制力弱，難以衝破困難，為短壽之數。宜安分守己，切勿任意妄為。

十三畫　吉　光明已現

博學多才，文武雙全，仁厚穩重，操守廉正，能成大事，為富貴之數，亦易為養子之數。

十四畫　凶　陰氣相侵

物壞之象，家屬緣薄，妻子不全，孤獨，離散，體弱短壽，如他運配合，望能平穩度過。

十五畫　吉　否極泰來

妻財子祿、富貴福壽全之格。其人學識淵博，得長上提攜，能成就大事業。此人善祥有德，乃昌隆之數。

十六畫　吉　乘時而起

克己助人，德量厚，包容力強，推己及人，能獲眾望，逢凶化吉。

十七畫　吉　擇善而行

性情剛烈，正直不阿，但難容於人，易與人發生衝突。惟其人意志堅定，能排除萬難，達致成功。女性有此數則難免過剛，雖能成為女強人，但亦宜修養女德，使姻緣愈趨融和。

十八畫　吉　光前裕後

威望有勢，有志竟成，意志堅忍，能排除障礙，克服困難而達致成功。惟性剛堅，宜多加個人修養，以得人和，遠離是非。女性能助旺夫運。

十九畫　凶　徘徊不定

其數至九，氣將盡而未盡，屬大凶之數。其人少年運差，家緣薄，一生難得成功，每遇障礙挫折。即使有幸能獲一時之成功，終亦難以持久。此乃妻子不全，短壽之數。與九畫同。

二十畫　凶　氣數已盡

其數比十九畫更凶，為破裂之數，一生多劫，幼失扶持，刑妻剋子，短壽。女性得此數者，則在婚姻上每遇挫折，或重婚，或夫有外遇，或守寡。

二十一畫　吉　一陽復來

一陽復至，萬象更新，乃先困苦而後成之數。為人樂觀，穩重而踏實，終能邁向成功，為首領之數。女性秀麗清雅，但有妻奪夫權之象，宜嫁老夫或少夫，婚姻可得安穩，為女強人之數。

二十二畫　凶　陰陽相爭

陽氣方至而未定，為反覆之數，主懷才不遇，憂鬱疑慮，心意不定，常陷逆境，甚至有牢獄之災，身世孤零，有子亦不孝。女性則性生活凌亂，常有三角關係，最終成悲劇收場。

二十三畫　吉　陽氣漸壯

旭日東昇之象，縱出身寒微，亦能力爭向上，達致圓滿之境。其人活潑、好動，有駕馭一切困難之能力，處事明敏果斷，能成大業。女性如有此數，與二十一畫相同，為免閨房冷清，宜遲婚及配老夫或少夫。

二十四畫　吉　一旅中興

路途崎嶇，但能得天時、地利、人和。憑藉個人的才智謀略及創新發明，可白手成家，老而榮昌，而子孫亦能承繼其餘福。另外，女性亦多才多能，能旺夫、幫夫。

二十五畫　吉　資性敏銳

資性敏銳，才能出眾，雖得天時地利，但欠人和，惟此亦為能得大成就之數，然而性情較偏。其人言詞尖銳，或有怪癖，宜加以修養，以達完美之境。女性才氣煥發，富人情味，感情豐富。

二十六畫 凶 怪傑之數

一生需經歷無數困難，為怪異英雄之數。其人賦性聰穎，有俠義精神，但遭時勢不順，有志難伸。如能堅持意志，突破困難，亦能成一代梟雄。男女有此數皆宜晚婚，又此數易有舟車之險。

二十七畫 凶帶吉 不蔓不枝

吉凶成敗不定，宜一心一意向一條路發展，才容易成功。此數忌少年得志，因最後必然失敗收場。其人有時會因自尊心過強，而變得孤苦無助。若能自省其身，矯正弱點，待人溫和，處事公正，中年後亦能有一番成就。如不修養，則中年過後之運勢會逐漸減弱，終致失敗。女性如得此數，主剛強、饒舌、虛榮心重。

二十八畫 凶 仰天長嘆

災難之數，主刑妻剋子，或一生潦倒。其人有江湖豪氣，每每肆無忌憚，常把自己陷於波瀾變動之境，除非八字特佳，方免此苦。此數不論男女皆見異思遷，子女不孝，為大凶之數。

二十九畫　吉　龍游大海

如魚得水，龍游大海，際遇非凡，聰明卓越，平步青雲，如龍乘雲霧，有上騰之勢。惟此格有雙妻之象。如女性有此數者，則易流於男性化。

三十畫　吉帶凶　死而後生

吉凶未定，陰陽相侵，他格若能配合亦可成功。又此格主妻遲子晚，如早婚則刑傷子嗣，女性有再嫁、守寡之象。

三十一畫　吉　志能遠達

智勇雙全，足踏實地，性情溫和，器量寬宏，有堅忍不屈之智，能衝破困難，建立個人聲譽，開創前程。女性能助夫興家，性情和順，子孫昌隆。

三十二畫 吉 堅持意志

一生好運之數，得長上貴人扶持。善掌機會者，大有成功之望，然切記飲水思源，否則終至落敗之境。

三十三畫 吉 旭日東昇

有智謀才略，富貴福壽，乃家門昌隆大吉之數。其人勇敢果斷，任何艱難困苦都能突破，但中年以後恐有官非牢獄之災，宜堅定意志，勿任意妄為。又此數非常人之數，一般人不宜使用。女性有此數者明敏果斷，能得成就，惟一生較為孤獨。

三十四畫 凶 馬失前蹄

凶氣相侵，大凶之數。得此格者，體弱多病，貧夭，做事常常違背良心。當凶煞一到，凶事自然接踵而來——喪偶、損子、刑傷、破家。

三十五畫　吉　潤屋富身

溫和仁厚，量度大，有文學藝術修養，可得名利。惟男性過於內向，以保守為上；女性則賢良淑德，持家有道。

三十六畫　凶　無風起浪

波浪浮沉不定之數，一生無處着力。縱有一時僥倖，亦困難重重，難得安穩。雖有俠義之心，但體弱，短壽，易有舟車之險，忌水。

三十七畫　吉　慈心有德

熱誠仁厚，有威望，獨立獨行，能為他人設想，所以人緣佳而晚境昌隆。女性如得此格，主溫厚清潤，為幸福之數。

三十八畫　吉帶凶　堅心事成

平凡之數，難望有大成就。其人意志薄弱，稍遇挫折便退縮，無法貫徹始終，為文人藝術之數。惟只要堅持信念，自能達致成功。

三十九畫　吉　富貴榮昌

雲開日現，波靜風平。雖然少年時困難稍多，但中年以後只要突破困難，自能邁向成功之境，達致富貴榮昌。此格乃權傾天下之數，然大貴之人命中必藏凶禍，又二十歲前後易有災厄。如婦女有此數，則難免過剛。

四十畫　凶　進退失據

人才出眾，有才智膽量，然性情驕傲，乏人情味，失人和，易受人攻擊，加上好投機冒險，終致失敗收場。女性如得此格，主其人頑固而意志力薄弱，惡疾相纏。

四十一畫　吉　德高望重

才智過人，有膽識、善謀略，前程光輝，能成大業，官運亦佳。女性得此格者，主優雅、溫柔而誠懇，有成人之美，能助夫興家，乃吉祥之數。

四十二畫　吉帶凶　多學少成

此數聰明，多才多藝，然多學少成，終致一事無成。其人感情豐富而意志薄弱，且多愁善感，故宜堅定目標，專心一致，向一條路發展，才有成功之望。否則中年大敗，晚年孤苦，又大發明家多有此數。女性得此格者，少樂多愁，性情不定。

四十三畫　吉帶凶　表面風光

外表風光，內裏憂愁，如家庭破落，只剩外表。人雖有才能，但好權術，即使能得一時之成功，最終亦因失信於人而招致失敗。如能腳踏實地，紮穩根基，充實自我，亦可能有成功之象。女性有此數者，性情孤獨，感情不定。

四十四畫　凶　秋草逢霜

傾家蕩產，大凶之數。即使才高八斗，學富五車，亦難逃厄運，難望有所成。且此數有狂亂之厄，故不出世之怪傑、偉人、烈士、孝子、節婦等常出於此數。

四十五畫　吉　帆遇順風

一帆風順，經綸深，有謀略，智勇雙全，能創大業，為成功之數。女性有此數者，亦能旺夫益子，家室興隆。

四十六畫　凶　大海撈針

大海撈針，一事無成，意志薄弱，即使出生富裕，最終亦變成敗家子，誤入歧途，招致牢獄之災。宜堅其意志，修身立德，望能於災難過後，達致成功。女性得此數者，易落風塵，短壽。

四十七畫　吉　種瓜得瓜

貴人相顧，衣食豐足，生活自由自在，雖不是大富之格，但優游一生，子孫昌隆。

四十八畫　吉　種豆得豆

一分耕耘，一分收穫，有才幹，有德望，功名顯達，富貴可期。女性賢良助夫，能得富貴。

四十九畫　凶　吉凶參半

遇吉則吉，遇凶則凶，必須他格配合，方免凶禍，否則一生潦倒，時運不至，妻子不至。女性有再嫁、守寡、剋夫、剋子之象。

五十畫　吉帶凶　成敗興替

瞬間成功，轉眼即敗，故成功之時，勿忘退守，否則家破人亡，財散人離。女性愛奢華、愛美，宜多自重，多加約束自己。

五十一畫　吉帶凶　得失難料

盛衰交加之數。得此格者，每是少年得志，早發早喪，晚年零落，所以成功之時勿忘退守。倘能持盈保泰，自可保晚年之運勢。

五十二畫　吉　鯉躍龍門

鯉躍龍門，身價百倍，得此數者，為人能得先機，有先見之明，有回天之手段，能得大財，此乃一心一意達致成功，名利雙收之數。女性如得此數，主富貴清潤，夫榮子貴。

五十三畫　吉帶凶　半吉半凶

時而吉，時而凶，表面風光，內心痛苦，前半生富貴，後半生潦倒困苦。女性難得好姻緣，有再嫁、守寡之象，宜晚婚，欠子媳。

五十四畫　凶　多災多難

少樂多愁，大凶之數，有牢獄之災，此乃傾家蕩產或傷殘之數。

五十五畫　吉帶凶　陽極陰生

五為大吉之數，但五五相並，盛極則衰，代表外表昌隆，內裏為衰，其勢不再，難以為繼，為吉凶疊至之數。得此數者，必須有百折不屈之精神、意志，方可於晚年衝破厄運，否極泰來。

五十六畫　凶　日落西山

事與願違，遇事退縮，缺乏勇氣，欠忍耐，意志薄弱，無成功之條件，乃短壽、自殺、凶死之數。

五十七畫　吉帶凶　寒梅傲雪

寒梅耐雪，性情堅剛，有魄力。命中雖有挫折，但終能衝破厄運，達致成功，晚運昌隆。女性中年多災，晚年安樂。

五十八畫　吉帶凶　先苦後甜

少年勞碌，或離祖破家，尤幸風浪過後，可享太平，但需有耐心，才能突破困難，邁向成功。女性得此數者，主先苦後甜，但聰明和善。

五十九畫　凶　無才無勇

意志薄弱，自信不足，無才無勇，宜腳踏實地，安於本分。

六十畫　凶　昏暗不定

前途暗淡無光，意志搖擺不定。做事出爾反爾，目標難定，豈能成功？最後難免困苦多病，一事無成。

六十一畫　吉帶凶　內外不和

喜中有憂，內外不和，兄弟相鬥，妻子不全，宜多加注意修養，否則難以齊家。

六十二畫　凶　吉難遠達

事業難以開展，煩悶苦惱，憂心忡忡，常有災厄，病弱短壽，乃難得幸福之數。

六十三畫　吉　顯達榮昌

陽回大地，其氣漸壯，能化育萬物，一切向上。得此數者，富貴有餘，良善有德，子孫綿綿，長壽健康。另外，此局主女性溫柔且賢良淑德。

六十四畫　凶　流離失所

性情剛暴，難容於物，待人處事難得人和，一生常有災難，終生不幸，徒勞無功，苦命短壽，乃多災多厄之數。

六十五畫　吉　福壽綿長

富貴榮昌，事事如意，能享盛名，長壽，身心康泰。女性得此數者，溫柔、仁厚、有量度。

六十六畫　凶　進退維艱

人緣不佳，難與人共事，行事缺乏信用，內外不和，乃一生難有幸福之數。心地善良者，稍有晚福，否則體弱短壽。

六十七畫　吉　通天達地

自主獨行之數，主其人能幹大事，功名事遂，家道榮昌。女性得此數者，賢慧且持家有道。

六十八畫　吉　創業興家

思慮周詳，能斷是非，有決斷之才，有回天之力。其人意志堅定，堅守信用，能使家業中興，有發明之才華，能獲眾望。

六十九畫　凶　常陷逆境

不安之數，常陷逆境，難突破困難。此格主病弱、挫折、失意、精神狀態不佳、非業、短壽。

七十畫　凶　物我俱亡

內心空虛，憂寂常臨，一生事難如意，殘疾，屬體弱之數。

七十一畫　吉帶凶　一生隨緣

生性懶惰，做事無耐性，難成大業。宜奮發精神，晚年可享。

七十二畫　吉帶凶　緣生緣滅

先苦後甜，得而復失，甘苦相替。得此數者，前半生幸福，後半生淒苦，乃表面風光內裏愁，幾許不足在心頭之數。

七十三畫　吉　持盈保泰

持盈保泰，知足常樂，靜寂安逸。此數雖無大氣象、大成就，但生活平靜，能享現成之福氣。

七十四畫　凶　回天乏力

逆運之數，回天乏力，主坐食山崩，無能無勇，難成大事，一生孤苦潦倒。

七十五畫　吉帶凶　守靜為貴

無大志謀、大能力，一生宜靜守，不宜輕舉妄動。如能安分守己，可保一世平安，晚境清閒。

七十六畫　凶　物之將敗

雖出生富貴，但家道中落，信譽、地位日降，終致家破人亡，骨肉分離。

七十七畫　吉帶凶　吉凶不齊

乃前吉後凶或後吉前凶之數。如出身寒微，中年以後可創一番事業，晚年康泰；如出生富貴，會漸漸孤窮，財散人離。

七十八畫　吉帶凶　運程不繼

如中年以前成功，則運程不繼，晚境凄涼；如中年以後成功，則功名可維持至晚年。

七十九畫　凶　志識愚蒙

無才能，無決心，前途黯淡，志識愚蒙，不知進退，難成大事。得此數者，縱能一時開花結果，亦屬成就不大之數。

八十畫　吉帶凶　事多挫志

一生體弱多病，縱有才華亦難以實踐。如能及早向善，積德修心，可保安穩，衣食豐足。

八十一畫　吉　萬象歸元

八十一畫為還原之數，主富貴福壽，名揚四海，為大吉之數。

註：以上之八十一畫靈動理數，雖為姓名學之主要依據，但姓名學其實只是其中一項參考而已。故此，如發現姓名畫數不理想時，切勿耿耿於懷。事實上，中國人所強調的「一命，二運，三風水，四積陰德，五讀書」才是至理名言。也就是說，命運佔七成，其他如風水、積德、學識亦有三成之力，故宜多加修養，行善積德。只要再配以個人的學識和環境佈局，必能跨過逆境，邁向成功。如果以為取得一個好名字，便不用努力工作，有一番成就，就等於癡人說夢。所以歸根究柢，最重要的，還是人的因素。

居
甘
林
張

改名步驟

由於一般人大多不懂算命，故不宜採用八字改名法，且八字改名法要因應不同時期的需要而改不一樣的名字，如學習時期宜用「我生」，以生旺自己的思想，使學習時更加容易吸收；及至年長，宜用「我剋」，以增旺自己的財運；到晚年，宜用「生我」，以增加自己的名望及安享晚年。

另外，如女命夫緣弱，欲改一個有助夫運的名字；男命妻財弱，欲改一個助妻財的名字；思想不靈活，欲改一個助思想的名字，如此等等皆要對八字有基礎的認識，才能辦到，所以一般人只適宜用簡易改名法。

蘇民峰改名法之步驟

一、首先要知道自己屬於寒命、熱命還是平命：

寒命——生於西曆八月八日（立秋）後，三月六日（驚蟄）前，宜用木、火的名字。

熱命——生於西曆五月六日（立夏）後，八月八日（立秋）前，宜用金、水的名字。

平命——生於西曆三月六日（驚蟄）後，五月六日（立夏）以前，由於其時氣候溫和，故木、火、土、金、水皆可為用，然以金、水之字較佳，所以亦宜金、水之字。

至於屬土之字，不屬陰（寒）亦不屬陽（熱），屬中性之字，所以大多可選擇為用。

二、根據自己之姓氏畫數（複姓則計其相加起來的畫數）及五行所屬，找出第二個字及第三個字所需要的畫數，再將所要畫數的字都找出來，並加以組合。

三、組合名字時，要留意姓氏與名字的發音，盡量避免出現諧音的情況，以免長大後被人取笑。如名字叫「端莊」、「正直」本無問題，但如姓吳，就會變成吳端莊、吳正直，故要多加注意。

例一：二〇〇二年十二月二十一日出生　姓「何」

十二月二十一日出生屬寒命，宜用木、火之字，姓「何」，又「何」字七畫屬水，故可配合木火、木木、火火、火木等組合，但第二個字應用木而不用火，以免水火相剋。

「何」字為七畫，可配合畫數如（6、10）；（6、18）；（8、8）；（8、10）；（8、16）；（9、16）；（10、14）；（16、8）等。宜將以上畫數屬木火之字抽出，再逐一進行篩選。選出最後五個自己喜歡的名字後，再作決定，如：

男——

何 7 水
考 6 木
庭 10 火

人格 13 畫
地格 16 畫
外格 17 畫
總格 23 畫

何 7 水
旭 6 木
倫 10 火

何 7 水
軍 9 木
澤 16 火

何 7 水
建 9 木
橋 16 木

女

何 7 水
曉 16 木
宜 8 木

人格 23 畫
地格 24 畫
外格 15 畫
總格 31 畫

何 7 水
卓 8 火
林 8 火

何 7 水
倪 10 木
僑 14 木

何 7 水
考 6 木
桐 10 火

何 7 水
諺 16 木
怜 8 火

何 7 水
欣 8 木
欣 8 木

例二：二〇〇二年五月十六日出生　姓「譚」　男

「譚」姓十九畫屬火，五月十六日出生為熱命人，喜金、水。而十九畫之姓宜配（4、12）；（4、14）；（5、13）；（6、10）；（6、12）；（12、4）之畫數。

其組合如下：

譚 19 火
博 12 水
文 4 水

人格 31 畫
地格 16 畫
外格 23 畫
總格 35 畫

譚 19 火
裕 12 金
行 6 水

譚 19 火
竣 12 金
丰 4 水

譚 19 火
創 12 金
升 4 金

譚 19 火
普 12 水
仁 4 金

例三：二〇〇三年三月二十四日出生　姓「未央」　男

「未央」姓共十畫，三月二十四日出生屬平命，木、火、土、金、水皆可為用，然以金、水較佳。「未央」為複姓，共十畫，十畫之姓宜配（6、7）；（6、15）；（8、13）；（8、15）；（14、7）；（14、15）；（15、6）。

未央 10
縈 14 金
希 7 水
人格 24 畫
地格 21 畫
外格 17 畫
總格 31 畫

未央 10
守 6 金
賦 15 水

未央 10
震 15 金
名 6 水

未央 10
銘 14 水
賢 15 金

未央 10
明 8 水

未央 10
辛 7 金

未央 10
亨 7 水

居
張甘
林

中國百家姓及筆畫配對

依筆畫順序

以下依筆畫數列示了中國百家姓。姓氏左下角為所屬五行，而左旁的數字則顯示了此筆畫之姓氏可供配合的名字畫數。

一畫

乙 木

配合畫數
1, 4, 12
1, 4, 20
1, 5, 10
1, 5, 12
1, 6, 10
1, 7, 10
1, 7, 16
1, 10, 5
1, 10, 6
1, 10, 7

二畫

人 金

卜 水

乜 水

匕 水

丁 火

刁 火

力 火

了 火

刀 火

乃 火

配合畫數
2, 4, 9
2, 4, 11
2, 4, 19
2, 6, 9
2, 6, 15
2, 14, 15
2, 14, 19
2, 14, 21
2, 16, 13
2, 16, 15
2, 16, 19

三畫

三 金
山 金
土 金
尸 金
夕 金
上 金
小 金
寸 金
于 金
才 金

千 金

弓 木
己 木
干 木
口 木
乞 木
兀 木
工 木
丸 木

丌 水

下 水
凡 水

大 火
孑 火
弋 火
女 火
子 火

么 土
也 土

配合畫數

3, 4, 14
3, 5, 8
3, 5, 10
3, 15, 13
3, 8, 10
3, 8, 13
3, 10, 8
3, 12, 20
3, 14, 4
3, 14, 15

四畫

氏 金
少 金
殳 金
仇 金
仉 金
水 金
仁 金
月 金

牛 木
元 木

四畫（續）

尤 木
戈 木
亢 木
今 木
孔 木
公 木
介 木
勾 木
牙 木
斤 木

方 水
巴 水
卞 水
火 水
不 水
开 水
仈 水
木 水
午 水
户 水

王 水
毋 水
毛 水
文 水
夫 水
云 水
仆 水
化 水
比 水
五 水

尹 水

天 火
丹 火
中 火
井 火
日 火
之 火
太 火
支 火
仍 火
屯 火
丑 火

配合畫數

4, 4, 7
4, 4, 9
4, 4, 13
4, 4, 17
4, 4, 21
4, 12, 9
4, 12, 13
4, 12, 17
4, 12, 21
4, 14, 7
4, 14, 11
4, 14, 15
4, 14, 17
4, 14, 19
4, 14, 21
4, 20, 9

五畫

四（金）
仙（金）
史（金）
申（金）
世（金）
生（金）
司（金）
矢（金）
示（金）
石（金）
主（金）
左（金）
只（金）
市（金）
且（金）
占（金）
古（木）
甘（木）
可（木）
用（木）
卡（木）
由（木）
玉（木）
句（木）
丘（木）
永（木）
卯（水）
甲（水）
白（水）
弁（水）
丕（水）
包（水）
民（水）
禾（水）
付（水）
平（水）
皮（水）
弘（水）
目（水）
玄（水）
布（水）
丙（水）
末（水）
氾（水）
弗（水）
冉（火）
田（火）
仝（火）
令（火）
召（火）
正（火）
代（火）
冬（火）
丼（火）
以（火）
右（火）
尔（火）
奴（火）
台（火）
立（火）
扔（火）

五畫（續）

配合畫數
5, 1, 10
5, 3, 8
5, 3, 10
5, 3, 13
5, 6, 18
5, 8, 8
5, 8, 10
5, 8, 16
5, 10, 6
5, 10, 8
5, 11, 13
5, 12, 6
5, 12, 12
5, 12, 20
5, 13, 19

六畫

西 金
守 金
束 金
先 金
夙 金
式 金
色 金
死 金
全 金
亘 金

臣 金
次 金
字 金
如 金
在 金
再 金
朱 金
亦 金
充 金
寺 金

阡 金
邦 金
忖 金
池 金

夸 木
吉 木
伍 木
考 木
共 木
乩 木

扞 木
伉 木
仵 木
戎 木
匡 木
仰 木
光 木
曲 木
臼 木
危 木

配合畫數

6, 5, 2
6, 7, 11
6, 9, 9
6, 10, 5
6, 10, 7
6, 10, 13
6, 10, 15
6, 10, 19
6, 12, 17
6, 12, 21
6, 12, 11

安 土	吐 火	舌 火	休 水	宇 木	江 木
后 土	多 火	老 火	好 水	有 木	汗 木
亥 土	同 火	年 火	伏 水	羽 木	邛 木
邢 土	竹 火	妁 火	伐 水	夷 木	汜 木
艮 土	仲 火	舟 火	名 水	行 水	汝 木
艾 土	州 火	匠 火	牟 水	百 水	因 木
	用 火	吏 火	忙 水	米 水	衣 木
	玎 火	扔 火	向 水	朴 水	伊 木
	耳 火	劦 火	任 水	合 水	羊 木
	自 火	列 火	刑 火	回 水	印 木

七畫

字	五行
辛	金
佘	金
成	金
伸	金
宋	金
束	金
序	金
私	金
秀	金
車	金
坐	金
赤	金
作	金
初	金
余	金
壯	金
沙	金
忍	金
沈	金
沖	金
芊	金
邩	金
折	金
邑	金
岑	木
吳	木
谷	木
言	木
灸	木
告	木
改	木
攻	木
佉	木
吟	木
見	木
杞	木
角	木
我	木
吾	木
求	木
君	木
岐	木
更	木
忌	木
坑	木
汞	木
汲	木
沃	木
沂	木
抗	木
忻	木
阮	木
阬	木
攸	木
完	木
沇	木
酉	木
巫	水
甫	水
貝	水
免	水
孝	水
杏	水
坊	水
每	水
佛	水
刜	水
別	水
步	水
況	水

配合畫數

7, 4, 4
7, 4, 14
7, 6, 10
7, 6, 18
7, 8, 8
7, 8, 9
7, 8, 10
7, 8, 16
7, 8, 17
7, 9, 9
7, 9, 16
7, 10, 8
7, 10, 14
7, 11, 6
7, 11, 14
7, 16, 16

投 火	但 火	男 火	快 水	沐 水	伯 水
邢 火	呈 火	伶 火	位 水	扶 水	系 水
冶 火	佗 火	妞 火	妘 水	把 水	孛 水
旴 土	住 火	足 火	汪 水	芒 水	刨 水
杌 土	牢 火	良 火	忹 水	沛 水	尾 水
克 土	豆 火	里 火	佟 火	邠 水	罕 水
	李 火	冷 火	佚 火	邦 水	兵 水
	狄 火	吞 火	杜 火	防 水	妙 水
	那 火	秃 火	呂 火	希 水	何 水
	狃 火	彤 火	利 火	坎 水	采 水

八畫

始 金
松 金
青 金
臾 金
昇 金
所 金
姓 金
承 金
耷 金
侁 金

尚 金
昔 金
社 金
杼 金
妾 金
宗 金
叔 金
刺 金
昌 金
於 金

洗 金
盂 金
邵 金
芮 金
泄 金
性 金
狗 木
股 木
邱 木
祁 木

兒 木
官 木
岳 木
屈 木
居 木
京 木
佼 木
佳 木
果 木
姑 木

固 木
炔 木
炅 木
空 木
疙 木
盰 木
枝 木
供 木
奇 木
其 木

昆 木
宜 木
庚 木
咎 木
欣 木
羌 木
具 木
肩 木
怪 木
怡 木

析 木
昊 木
姒 木
依 木
宛 木
延 木
佮 水
孟 水
杭 水
牧 水

帙 火	佴 火	邲 水	盱 水	幵 水	佫 水	芸 水
阜 火	林 火	邶 水	放 水	奉 水	府 水	函 水
咍 火	周 火	邳 水	法 水	帛 水	虎 水	昏 水
肬 火	卓 火	花 水	怕 水	爬 水	房 水	弦 水
忝 火	爭 火	狐 水	肥 水	秉 水	呼 水	武 水
垣 火	枕 火	況 水	芳 水	朋 水	和 水	幸 水
毒 火	東 火	弦 水	邴 水	卑 水	門 水	命 水
竺 火	來 火	金 水	邯 水	明 水	服 水	忽 水
長 火	念 火	季 水	芬 水	宓 水	佩 水	非 水
典 火	直 火	委 水	河 水	杳 水	枚 水	肸 水

八畫（續）

佽 火
征 火
沓 火
知 火
到 火
定 火
治 火
泥 火
泠 火
陀 火

邸 火
邰 火
招 火
泆 火
沮 火
易 火

軋 土
夜 土
阿 土

配合畫數

8, 3, 5
8, 3, 10
8, 3, 13
8, 5, 8
8, 5, 10
8, 5, 16
8, 7, 9
8, 8, 8
8, 8, 9
8, 8, 13
8, 8, 15
8, 8, 17
8, 8, 21
8, 9, 15
8, 10, 7
8, 10, 13
8, 10, 15
8, 10, 21
8, 16, 7
8, 16, 9
8, 16, 15
8, 16, 17

九畫

施 金
宷 金
厙 金
是 金
帥 金
省 金
宣 金
查 金
胥 金
俟 金

相 金
思 金
食 金
[illegible] 金
首 金
[illegible] 金
室 金
昝 金
昨 金
俞 金

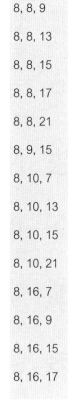

盆 水	約 木	郁 木	姣 木	柯 木	洗 金	侵 金
厖 水	禹 木	苟 木	姞 木	郤 木	郇 金	春 金
品 水	勇 木	拱 木	契 木	紀 木	郲 金	秋 金
盇 水	映 木	恪 木	羿 木	姜 木	苫 金	泉 金
保 水	苑 木	看 木	祈 木	建 木	若 金	柴 金
俠 水	英 木	洼 木	計 木	冠 木	胙 金	栢 金
奐 水	耶 木	朐 木	叚 木	咼 木	洙 金	星 金
訇 水	厚 水	邽 木	紇 木	客 木	洂 金	郝 金
虺 水	哈 水	幽 木	郊 木	禺 木	恤 金	衄 金
秏 水	風 水	姚 木	胤 木	軌 木	紆 金	述 金

九畫（續）

香 水	胡 水	便 水	盻 水	侯 水	封 水	皇 水	眉 水	勃 水	盼 水
扁 水	柏 水	咸 水	後 水	宦 水	衍 水	弭 水	郄 水	茅 水	苻 水
苗 水	范 水	奔 水	玹 水	恒 水	苦 水	苐 水	芮 水	郤 水	郈 水
陌 水	癸 水	革 水	軍 水	音 水	威 水	韋 水	胡 水	垣 火	段 火
泰 火	俎 火	者 火	柳 火	南 火	炤 火	卽 火	斫 火	度 火	耏 火
染 火	弇 火	亮 火	昭 火	胄 火	受 火	垌 火	炭 火	重 火	祋 火

种 火
侶 火
盈 火
郅 火
柱 火
政 火
洛 火
邢 火
苴 火
信 火

宥 火

紅 土
哀 土
屋 土
攸 土
要 土
爰 土
皃 土
姶 土
羑 土

洪 土
苛 土
兗 土

配合畫數

9, 6, 9
9, 6, 12
9, 6, 18
9, 7, 8
9, 7, 16
9, 8, 8
9, 8, 16
9, 9, 6
9, 9, 7
9, 9, 14
9, 9, 15
9, 10, 14
9, 12, 4
9, 12, 12

十畫

孫 金
徐 金
息 金
桑 金
時 金
師 金
席 金
索 金
乘 金
神 金

素 金
修 金
閃 金
衷 金
真 金
釗 金
針 金
酒 金
倉 金
芻 金

十畫（續）

字	五行
耻	金
宰	金
射	金
悦	金
郗	金
茹	金
荀	金
珮	金
郕	金
郝	金
草	金
陞	金
陜	金
城	金
耆	木
倪	木
起	木
恭	木
桀	木
皋	木
格	木
桂	木
家	木
耿	木
原	木
剛	木
俱	木
根	木
拳	木
骨	木
鬼	木
躬	木
兼	木
貢	木
倔	木
宮	木
虔	木
奚	木
栩	木
倚	木
郟	木
涓	木
姬	木
郜	木
荊	木
浩	木
茙	木
邮	木
海	木
殷	木
益	木
恩	木
軒	木
烟	木
袁	木
容	木
員	木
晏	木
辱	水
盍	水

涉 火	畜 火	紐 火	庭 火	悖 水	訓 水	馬 水
郎 火	涷 火	烈 火	訋 火	荇 水	校 水	班 水
能 火	桃 火	展 火	肁 火	荒 水	桓 水	被 水
柴 火	祖 火	納 火	㸖 火	庫 水	倗 水	郤 水
茲 火	旅 火	桐 火	秩 火	烏 水	婄 水	夏 水
狼 火	紙 火	徒 火	唐 火	鬲 火	浦 水	秘 水
振 火	党 火	淩 火	疾 火	栗 火	逄 水	豹 水
茨 火	留 火	晁 火	蚩 火	秦 火	捕 水	栢 水
茬 火	鬥 火	祝 火	蚒 火	朋 火	浮 水	眠 水
脂 火	涂 火	晉 火	倫 火	特 火	珮 水	紛 水

十畫（續）

字	五行
朗	火
娥	土
翁	土
盎	土
邕	土
倭	土
高	土
候	土
陘	土

配合畫數

10, 5, 1
10, 5, 3
10, 5, 6
10, 5, 8
10, 6, 7
10, 6, 15
10, 8, 3
10, 8, 7
10, 8, 13
10, 8, 15
10, 11, 14
10, 14, 7
10, 14, 15

十一畫

字	五行	字	五行	字	五行
商	金	術	金	唱	金
彭	金	悉	金	曹	金
崔	金	宿	金	盛	金
參	金	習	金	造	金
產	金	崇	金	莘	金
悤	金	赦	金	捷	金
庶	金	紹	金	清	金
率	金	偰	金	液	金
偵	金	設	金	莊	金
常	金	雪	金	釧	金

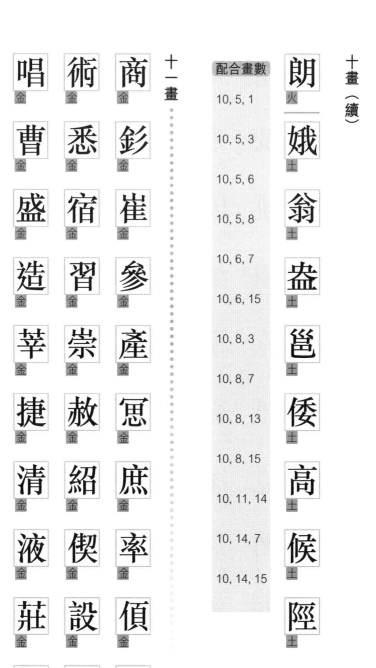

崑 水	異 木	涯 木	假 木	圈 木	偌 金	釤 金
⿰弓妾 水	梅 水	莞 木	牽 木	飢 木	訢 木	捨 金
崋 水	麥 水	莢 木	堅 木	啟 木	許 木	授 金
俾 水	粕 水	郳 木	崖 木	眼 木	康 木	巢 金
斐 水	望 水	區 木	國 木	健 木	既 木	蛇 金
患 水	覓 水	閆 木	梟 木	皎 木	乾 木	專 金
斛 水	曼 水	移 木	郭 木	訛 木	畦 木	船 金
麻 水	偏 水	淵 木	莒 木	寇 木	竟 木	庾 金
問 水	彬 水	晝 木	眷 木	梧 木	⿱夂隹 木	魚 金
務 水	匏 水	庸 木	猗 木	御 木	救 木	掮 金

十一畫（續）

字	五行
虛	水
訪	水
密	水
毫	水
瓶	水
彪	水
畢	水
符	水
崩	水
扈	水
瓠	水
莫	水
猛	水
逢	水
涬	水
尉	水
規	水
陰	水
惟	水
張	火
章	火
鹵	火
祭	火
執	火
終	火
啖	火
處	火
倰	火
笪	火
荼	火
陸	火
陳	火
鳥	火
捝	火
寂	火
陶	火
郯	火
通	火
連	火
荻	火
聃	火
眾	火
理	火
淡	火
涼	火
莉	火
接	火
淩	火
淪	火
琅	火
豚	火
逗	火
聊	火
郲	火
梆	火
條	火
陵	火
略	火
鹿	火
朗	火

聊 火

將 火

紫 火

庹 火

堂 火

笮 火

脫 火

婁 火

戚 火

從 火

帶 火

第 火

梁 火

梓 火

偓 土

娿 土

偃 土

埜 土

圉 土

偶 土

敖 土

配合畫數
11, 7, 6
11, 7, 14
11, 10, 14
11, 12, 6
11, 12, 12
11, 13, 5
11, 14, 4
11, 14, 10
11, 18, 6

十二畫

喻 金

舒 金

疏 金

散 金

善 金

斯 金

須 金

盛 金

喪 金

尌 金

絮 金

稅 金

甥 金

視 金

犀 金

掌 金

渻 金

曾 金

集 金

鈔 金

十二畫（續）

粟 金　策 金　象 金　奢 金　超 金　棧 金　尊 金　蹇 金　肅 金　渫 金

隋 金　強 木　欽 木　喬 木　辜 木　貴 木　棘 木　開 木　雅 木　詘 木

厥 木　堯 木　景 木　軲 木　盜 木　渠 木　啓 木　筋 木　鈞 木　卿 木

絞 木　渠 木　絳 木　期 木　湛 木　琴 木　菅 木　鄂 木　貫 木　嵇 木

硯 木　皓 木　尋 木　然 木　減 木　[illegible] 木　揭 木　幾 木　游 木　陽 木

傜 木　越 木　[illegible] 木　揚 木　猶 木　媯 水　堪 水　寒 水　華 水　莽 水

堵 火	隆 火	温 水	補 水	番 水	馮 水	畢 水
痛 火	就 火	智 火	渾 水	閔 水	傅 水	傍 水
棗 火	童 火	斜 火	萌 水	賀 水	斐 水	幅 水
覃 火	程 火	湯 火	壺 水	賁 水	項 水	潎 水
毳 火	畱 火	軫 火	斑 水	貿 水	無 水	備 水
椒 火	棠 火	甯 火	惲 水	買 水	復 水	棓 水
蛭 火	棣 火	提 火	郵 水	雲 水	發 水	跋 水
敦 火	登 火	萊 火	鄆 水	費 水	虛 水	評 水
豈 火	貂 火	菑 火	爲 水	富 水	閎 水	普 水
統 火	朝 火	逯 火	渦 水	惠 水	稀 水	彭 水

十二畫（續）

焦 火
勞 火
單 火
絡 火
屠 火
訾 火
鈕 火
粥 火
菱 火
揣 火

萇 火
貳 火
植 火
都 火

黃 土
雄 土

配合畫數
12, 3, 20
12, 4, 9
12, 4, 13
12, 4, 17
12, 4, 19
12, 6, 11
12, 6, 17
12, 6, 19
12, 11, 12
12, 12, 9
12, 12, 13
12, 12, 17
12, 20, 5
12, 20, 9

十三畫

羨 金
傷 金
嗣 金
豎 金
塞 金
新 金
嵩 金
索 金
詩 金
試 金

聖 金
蛸 金
瞧 金
鉐 金
榆 金
絺 金
靖 金
蜀 金
肆 金
鉏 金

鄖 水	溥 水	萬 木	該 木	裘 木	虞 木	慎 金
楷 火	腹 水	會 水	源 木	義 木	蛸 木	嗇 金
奎 火	鄉 水	微 水	壺 木	馯 木	禽 木	瑞 金
載 火	鄢 水	睦 水	稚 木	靳 木	訴 木	裔 金
詹 火	萬 水	僕 水	楊 木	經 木	莞 木	頌 木
雷 火	葵 水	辟 水	雍 木	遇 木	業 木	賈 木
粲 火	骪 水	黽 水	樠 木	葛 木	鉤 木	舅 木
戢 火	溫 水	賁 水	葉 木	勤 木	詭 木	鉗 木
歂 火	鄔 水	滑 水	搖 木	過 木	幹 木	解 木
零 火	運 水	裨 水	傜 木	隗 木	敬 木	禁 木

十三畫（續）

雒 火、路 火、楚 火、督 火、農 火、廉 火、塗 火、嫪 火、準 火、頓 火

當 火、亶 火、馳 火、鼎 火、塔 火、斟 火、稠 火、楮 火、暖 火、祿 火

傻 火、葳 火、睢 火、董 火、遂 火、鄒 火、落 火、達 火、道 火、鄗 火

資 火、雉 火、雋 火

衙 土、愛 土、瑕 土、蛾 土、莢 土

配合畫數

13, 3, 5
13, 3, 8
13, 5, 11
13, 5, 20
13, 8, 8
13, 8, 10
13, 8, 16
13, 8, 17
13, 10, 8
13, 10, 22
13, 12, 4
13, 12, 12
13, 16, 19

十四畫

誘 金
甄 金
銛 金
韶 金
嘗 金
實 金
需 金
壽 金
慈 金
稱 金

翠 金
槍 金
漁 金
漕 金
蒼 金
漆 金
銖 金
説 金
肇 金

管 木

綦 木
綺 木
監 木
閣 木
匱 木
銀 木
搴 木
嘉 木
僑 木
箕 木

旗 木
彄 木
赫 木
禡 木
蒿 木
蓋 木
鄡 木
蒯 木
賏 木
榮 木

銚 木
棖 木
與 木
遠 木
鄘 木

福 水
碧 水
溥 水
閩 水
嫚 水

幕 水
膂 水
㬎 水
豪 水
閔 水
槐 水
嘑 水
綿 水
輔 水
鳳 水

裴 水
蒙 水
飽 水
賓 水
僕 水
僖 水
聞 水
舞 水
夢 水
鳴 水

十四畫（續）

字	五行
貌	水
熙	水
複	水
滿	水
漢	水
鄞	水
蒲	水
瞑	水
滹	水
魁	水
維	水
褚	火
輒	火
趙	火
廖	火
碭	火
種	火
臺	火
察	火
齊	火
綾	火
僮	火
嫘	火
雒	火
僚	火
愿	火
綸	火
端	火
翟	火
臧	火
塵	火
盡	火
暢	火
瑣	火
摎	火
滕	火
遜	火
鄢	土
熊	土

配合畫數
14, 4, 7
14, 4, 11
14, 4, 17
14, 7, 11
14, 9, 9
14, 10, 7
14, 10, 11
14, 10, 15
14, 10, 21

十五畫

駟 金	緒 金	駒 木	稿 木	樠 水	編 水	蓬 水
審 金	虢 金	廣 木	稽 木	盤 水	緜 水	蔚 水
賞 金	銳 金	儀 木	膠 木	棓 水	髮 水	澓 水
線 金	蔡 金	劇 木	賢 木	篇 水	慕 水	潘 水
奭 金	蔌 金	慶 木	概 木	郒 水	暴 水	緡 水
僑 金	潚 金	儉 木	憂 木	魴 水	褒 水	樗 水
銷 金	撒 金	鴈 木	養 木	皞 水	墨 水	寬 水
霄 金	鄐 金	鞏 木	頴 木	蝮 水	麃 水	嫣 水
賜 金	遲 金	穀 木	頜 水	範 水	蔓 水	寪 水
隸 金	樛 木	嫵 木	緱 水	樊 水	播 水	豎 火

十五畫（續）

誰 火	儂 火	輪 火	徵 火	耦 土
劉 火	厲 火	調 火	潛 火	歐 土
樂 火	魯 火	霅 火	撤 火	
箴 火	樓 火	偖 火	鄣 火	
質 火	履 火	稻 火	鄭 火	
黎 火	練 火	諄 火	蔣 火	
談 火	摯 火	賤 火	德 火	
樅 火	輩 火	瘠 火	鄒 火	
論 火	諒 火	稷 火	潭 火	
慮 火	閭 火	儈 火	鄧 火	

配合畫數

15, 1, 2
15, 1, 16
15, 1, 17
15, 3, 3
15, 3, 14
15, 6, 10
15, 6, 18
15, 8, 8
15, 8, 10
15, 8, 16
15, 9, 8
15, 9, 9
15, 10, 8
15, 10, 14
15, 14, 10

十六畫

錫 金
薛 金
[illegible] 金
禤 金
暨 金
戰 金
錯 金
親 金
諭 金
蕭 金

遷 金
隨 金
樹 金
儒 金
閻 木
縣 木
諫 木
稽 木
噲 木
錡 木

翰 木
橋 木
諶 木
機 木
激 木
頤 木
蕢 木
麇 木
蕑 木
鄴 木

鄭 木
豫 木
燕 木
冀 木
翰 木
穎 木
融 木
餘 木
嬴 木
辨 水

穆 水
學 水
橫 水
憲 水
糗 水
奮 水
瞞 水
霍 水
憑 水
頻 水

衡 水
黔 水
默 水
謀 水
鄶 水
鮑 水
羲 水
興 水
蕃 水
錦 水

謂 水
衞 水
蔿 水
遺 水
盧 火
賴 火
駱 火
錢 火
諸 火
龍 火

十六畫（續）

諾 火
瞗 火
錄 火
雕 火
穎 火
獨 火
濁 火
澹 火
覃 火
擮 火

操 火
蓢 火
蕩 火
遴 火
遹 火

甌 土
謁 土
閼 土

配合畫數
16, 8, 5
16, 8, 7
16, 8, 8
16, 8, 9
16, 8, 13
16, 8, 15
16, 8, 17
16, 9, 7
16, 9, 16
16, 13, 16
16, 16, 2
16, 16, 7
16, 16, 16

十七畫

謝 金
賽 金
縮 金
聲 金
鮮 金
霜 金
鍾 金
燭 金
隰 金
輿 金

薔 金
薛 金
鍮 金
孺 金

鞠 木
谿 木
嶽 木
謭 木
檢 木
騂 木

中國百家姓及筆畫配對

配合畫數

17, 4, 12
17, 4, 14
17, 6, 12
17, 6, 18
17, 7, 8
17, 8, 8
17, 8, 16
17, 12, 6
17, 12, 12

斂 火	還 水	鴻 水	蹇 木	矯 木
襄 火	儓 火	繁 水	應 木	謇 木
營 火	彌 火	麋 水	轅 木	懃 木
濟 火	勵 火	篷 水	繇 木	麴 木
鄹 火	檀 火	瞯 水	隱 木	謙 木
濯 火	隸 火	薄 水	優 木	舉 木
瞫 火	盪 火	環 水	嬰 木	戲 木
覬 土	舉 火	濮 水	韓 水	薊 木
闔 土	臨 火	獲 水	繆 水	璩 木
	醜 火	邁 水	縻 水	遽 木

十八畫

雛 金
顓 金
雙 金
翼 金
薩 金

簡 木
魏 木
顏 木
闕 木
雞 木
騎 木
鵠 木
歸 木
噭 木
騏 木
瞿 木
蟜 木
謹 木
繞 木
闓 木
舉 木
鄺 木
曜 木
舊 木
鼬 木
鄾 木

鵊 水
豐 水
諄 水
謬 水

聶 火
戴 火
[illegible] 火
騅 火
儲 火
鞮 火
蟲 火
職 火
鐠 火
壘 火
禮 火
釐 火
鎮 火
瞻 火
叢 火
鼂 火
藍 火
藏 火
藉 火

謳 土
雝 土

配合畫數

18, 6, 5
18, 6, 7
18, 6, 11
18, 6, 15
18, 6, 17
18, 7, 6
18, 7, 14
18, 11, 6

十九畫

璽 金
識 金
藥 金

蟻 木
麴 木
鏡 木
蹶 木
餽 木
關 木
蘂 木
藝 木
曠 木
鯨 木

簿 水
繪 水
龐 水
懷 水
邊 水
藩 水

譙 火
禰 火
譚 火
疇 火
贊 火
類 火
櫝 火
難 火
麗 火
離 火
鏤 火
顛 火
隴 火
藜 火
羅 火

配合畫數

19, 4, 12
19, 5, 13
19, 6, 10
19, 6, 12
19, 10, 4
19, 10, 6
19, 12, 4
19, 12, 6
19, 13, 16

二十畫

釋 金
犨 金
蘇 金
繡 金
鐘 金

嚴 木
闞 木
覺 木
黥 木
蘄 木

騫 木
贏 木

矍 水
獻 水
寶 水

爐 火
籍 火
黨 火
鐔 火
竇 火

壤 火
騶 火
觸 火
飂 火
騰 火
蘭 火
蘆 火
瓏 火

藹 土

配合畫數
20, 4, 9
20, 4, 11
20, 4, 17
20, 4, 21
20, 5, 12
20, 9, 8
20, 9, 12

二十一畫

續 金

巍 木
顧 木
譽 木
蠡 木
譴 木
饒 木
蘧 木
蘖 木
灌 木

虁	木
護	水
霸	水
鶴	水
酆	水
攜	水
纍	火
鐵	火
纏	火
覽	火
鐸	火
蘭	火
露	火
騫	土

配合畫數

21, 4, 12
21, 4, 14
21, 8, 8
21, 8, 10
21, 8, 16
21, 10, 6
21, 10, 8
21, 10, 14
21, 12, 12

二十二畫

襲	金
贖	金
蟰	金
權	木
龔	木
鑒	木
鬻	木
穰	水
蠭	水
鑄	火
籛	火
糴	火
讀	火
鷄	火
孋	火
囊	火
鱄	火
酈	火
懿	土

配合畫數

22, 1, 2
22, 2, 9
22, 3, 10
22, 7
22, 9, 14
22, 9, 16
22, 10, 13
22, 10, 15
22, 11
22, 13
22, 15

二十三畫

字	五行
讐	金
讎	金
驛	金
巖	木
鑛	木
齮	木
虁	木
鬭	水
顯	水
變	水
麟	火
欒	火
鱗	火
鑢	火
戀	火

配合畫數
23, 8, 8
23, 8, 10
23, 10, 8
23, 12, 4
23, 12, 6

二十四畫

字	五行
鑫	金
贛	木
衢	木
鼇	水
靈	火
鱣	火
鷺	火
鹽	土

配合畫數
24, 1, 7
24, 1, 23
24, 5, 8
24, 7, 1
24, 7, 8
24, 7, 17
24, 9
24, 11
24, 13
24, 15
24, 17

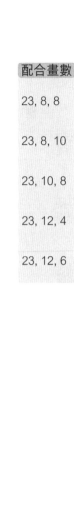

二十五畫

字	五行
鑰	金
觀	木
讙	水
蠻	水
灣	水
釁	火
糴	火

配合畫數
25, 4, 4
25, 4, 10
25, 4, 12
25, 6, 8
25, 6, 10
25, 7, 16
25, 8, 8
25, 6
25, 8
25, 10
25, 12

二十六畫

字	五行
驥	木
欝	火

配合畫數
26, 3, 3
26, 5, 6
26, 6, 5
26, 6, 7
26, 6, 9
26, 6, 15
26, 7, 6
26, 9, 6

二十七畫

鑾 火

鑼 火

配合畫數
27, 2, 4
27, 2, 6
27, 4, 2
27, 4, 4
27, 4, 14
27, 6, 2
27, 6, 12
27, 8, 10
27, 6
27, 8
27, 10
27, 10, 15
27, 14, 11

二十九畫

驫 木

鬱 土

爨 土

配合畫數
29, 2, 4
29, 2, 6
29, 2, 16
29, 4, 2
29, 4, 4
29, 4, 12
29, 4, 14
29, 6, 2
29, 6, 10
29, 6, 12
29, 8, 8
29, 8, 10
29, 10, 6
29, 10, 8
29, 12, 4
29, 12, 6
29, 14, 4
29, 6
29, 8
29, 10
29, 12

三十畫

原原原

木

配合畫數
30, 1, 17
30, 2, 1
30, 2, 3
30, 2, 5
30, 2, 9
30, 2, 15
30, 3, 2
30, 3, 15
30, 5, 2
30, 7, 11
30, 9, 2
30, 9, 9
30, 11, 7
30, 15, 3
30, 15, 18
30, 15, 22
30, 7
30, 9
30, 11
30, 15
30, 17

甘
林
張

取名用字

依五行順序

金

二畫──金

七 人 入 十

三畫──金

三 千 小 上 山 川 士 才 寸 夕

刃 尸 于

四畫──金

心 仁 氏 升 什 水 仇 手 尺 切

少
殳
仉
月

五畫——金

左
生
史
仙
占
冊
申
仕
世
市

四
司
出
仟
且
示
石
失
匆
只

主
矢

六畫——金

字
次
守
如
在
西
充
再
存
夙

六畫（續）

色 式 先 阡 丞 寺 旬 死 戌 曳

庄 收 旨 朱 此 池 臣 兆 冲 戍

朿 忖 全 弛 亘 邦 亦 汐

七畫——金

巡 成 助 車 作 伸 辰 忱 身 孜

佐 肖 秀 沙 伺 杉 坐 束 村 宋

序 赤 妝 私 壯 串 些 吹 材 沁

忍 沖 沈 走 辛 抄 初 㕣 声 余

佴 迂 邪 芊 汭 劭 邑 役 折 好

汭

八畫——金

拆 拙 侃 使 松 姍 姓 炊 昇 尚

宗 社 受 虱 事 狀 承 始 昌 宙

八畫（續）

舍 青 叔 昔 取 刷 妻 所 祀 性

芯 衫 刹 采 徃 刺 垂 佽 芮 盂

爭 妾 於 臾 冼 邵 玥 枘 柿 夜

九畫——金

俟 促 侵 洗 津 洒 咨 柘 相 秋

是 首 則 哉 泉 前 省 思 若 持

奕	邾	洂	削	帥
弈	[illegible]	狩	查	宣
敘	洙	牲	柔	亘
洩	姝	恤	施	俞
約	昱	昰	姿	春
俟	穿	籾	昨	星
	紆	柴	室	指
	苫	胥	甚	珊
	述	胙	峙	食
	涎	郙	拾	砂

十畫——金

消浸酒浙恣純紗修倩借

徐栖娠陞時宰孫珣宸財

師倉釗珠悅桑弱素書租

乘射席殉茸祠座息殊栽

真神茱笑訕閃隼草索茜

袖送烝差翅豺衰茹卻郗

郕除唇宬哲城衷芻恥荀

陜清針倪

十一畫——金

淑清深淨淞莎紳細紹琇

授措側梢造速匙惜參雪

專晨祥船常崢崧崇趾莊

彩釧唱商寂庶巢宿悉旋

斜爽率晟粗旌敘窓羞廁

十一畫（續）

做 曹 魚 殺 庚 盛 崔 淺 從 術

習 捨 莘 笙 產 笥 設 液 釵 責

赦 雀 訟 紮 莠 翌 翊 捷 莀 紹

掚 偌

十二畫──金

絕 絲 絨 鈔 絢 測 盛 渝 湘 湫

註 詞 詔 訴 詐 琮 琖 棧 菘 森

渲	淑	萃	殖	策	稅
	喧	愉	甦	黍	稍
	琛	集	掌	象	竦
	粟	順	晶	裁	創
	犀	舒	菁	勝	須
	渻	剩	最	斯	筍
	隋	菜	甥	視	絮
	猩	散	粧	裕	殘
	疏	疎	善	超	尊
	肅	淚	喻	曾	窗

十三畫——金

赩 瑜 瑄 瑞 滄 滋 溲 債 催 椿

楫 楡 葫 暄 詩 詢 詳 試 馴 傷

新 聖 勢 歲 蜀 想 軾 肆 蜃 裟

載 靖 嗣 暑 獅 裝 鼠 愈 剿 慎

亶 萱 媵 愁 酬 勣 綉 羡 煊 滏

葱 盞 瞧 絺 葴 馳 綏 煜 節 照

豎 塞 嵩 睛 睬 楚 秋 竫 裔

綬	誠	甄	翠	徹	漆
綜	稱	飾	箋	箒	睿
慈	槍	壽	粹	實	鉞
綢	標	韶	署	獎	漵
認	榭	誓	蒼	隙	肈
誦	僧	酸	需	漕	銚
說	像	嘗	製	漁	僖
漬	精	瑲	蒨	颯	
漱	算	賑	碩	肇	
漩	聚	粽	綮	銛	

十五畫——金

節緒線鋤澍槽磋衝磁嬋

箱賞審幟鋭霄熟趣賜震

數蝕嬃諄熱請靚璇銹碩

辤豬奭遲增號踐撰駟銷

肆蔡賢熵鋮[illegible]閱

十六畫——金

遵錘錐錫錯熾燒諭霑遷

輯靜嬙醒儕隨戰叡霓操

選親錞錚賴蕭憶儒燚勳

樹禤

十七畫——金

賽鍾聲璨蹇燦聳償濕禪

糟燭翼縮聰總鍬謝霜鮮

燥齋縮雖輿薛鄺儲薔隰

十七畫——（續）

餞 璵 燮 鍮 孺

十八畫——金

翺 雙 顓 織 叢 賾 繕 蟬 觴 鎖

鬆 雜 礎 鎗 謦 薩 繡 雛 翼 嚅

薷 璿

十九畫——金

獸 簽 鏘 疇 鵲 識 辭 繩 鯖 繭

癡 藥 繹 譔 璽

二十畫——金

鐘 釋 藷 馨 繡 繻 譯 蘇 藻 籌

雙

二十一畫——金

鐫 續 屬 襯 饌

二十二畫——金

鬚 攢 癬 欏 灑 龔 贖

二十三畫——金

躅 籤 鱖 讎 讐 驛

二十四畫——金

鑫

二十五畫——金

龣 纘 鑰

二十六畫——金

讚

二十七畫——金

鑽

木

一畫—木

乙

二畫—木

九

三畫—木

久 己 工 口 乞 巾 干 弓 兀 丸

四畫——木

公介元牛勻孔今亢犬斤
戈牙爪支兮勾引尤六友
予

五畫——木

古加玉可刊功瓜甘丘句
外巨去巧卡夯尻永用幼
由仔

六畫——木

圭伍交旭价吉仰曲共光

伉企各戎机考汗件朽弛

伎江屹匡危夸臼奸而乩

仵邛幵因衣有伊休夷印

宇羽汝羊汜

七畫——木

言求吳見更角君均吾改

完	阮	灸	攻	劫	旱
似	杞	坑	忌	戒	谷
抑	汲	汞	困	告	究
吾	忻	妖	沅	杆	坑
沇	阮	盵	沂	技	岐
	沉	佮	玖	汽	我
	酉	呆	妧	決	岑
	攸	沃	旰	肝	估
	圻	吸	却	狂	妓
	岓	佉	宊	抗	局

八畫—木

昊泔拘拒坤佳供佶枝析

姁炘宜奇岡庚欣居玠岳

固其玩岩果劻昆卷斧昂

京空卦孤官肯券屈怪肩

臥近乖穹姑炆玦咎羌具

狗怡祁股炎兒延佼依泳

泑芪祇泱迎油宛泣衩沿

雨 炔 昫 杼 映

九畫——木

俄 洸 洨 柑 柯 科 紀 祈 皆 胤

彥 契 姸 羿 計 禺 軌 建 冠 客

炬 哄 架 降 界 勁 姜 剋 故 竿

看 奎 虹 珈 姣 括 既 郊 姱 枯

衿 恢 昂 狡 郤 叚 咼 姞 紇 郁

九畫（續）

迦 很 垠 拱 恪 苟 俙 洏 洘 涯

珏 苑 洋 英 姻 姚 祖 浓 幽 勇

祇 約 禹 昀 軍 耶

十畫——木

浩 涓 倪 倚 個 徑 屐 桂 格 根

栓 娛 娟 耿 家 起 記 矩 祐 剛

玟荃恭原豈哥拳躬峨氣

罡缺悍虔貢鬼骨郡晃耕

兼俱娙姬奚荊羌耆桀海

皋倔栩尅卿茵恩殷益莛

原湫員哠悎胭珚俒容烟

袁院軒宴

取名用字（依五行順序）

十一畫—木

捲 倏 救 淇 涯 淦 絅 球 掘 掛

堀 頃 健 偕 御 械 梧 娸 烷 郭

康 國 教 基 崑 啟 堅 莞 乾 區

崎 寄 既 晤 眼 毬 皎 眷 研 竟

袈 寇 圈 趁 啓 勗 欸 睎 現 臯

夠 距 假 莧 斛 馗 移 許 桸 訢

訛 牽 崖 渠 莒 郳 偽 烯 埶 菩

珺 涏 埼 帺 晧 淏 婉 悠 寅 晝

淵 軟 異 庸 野

十二畫—木

絖 給 絞 結 鈞 欽 港 減 琦 琪

琴 琨 棋 椅 棍 皖 揭 稀 期 景

開 皓 堯 雁 蛟 菊 敢 傑 硯 幾

嵌 貴 凱 卿 欺 雅 割 寓 筐 貫

十二畫（續）

棨頊喬殼窘覘強間款硬

裙琹堦街渠絳湛菅嵇鄂

揆焱焰裓鈎然辜晵閒逵

棄慨焮詒䂻萓貽琚焜莧

菸莛陽揚晛萁傐琬詠菀

越傜猶渶湮郵游㨢

絹 經 瑟 鉅 鈺 源 溪 傾 楷 暇

誇 勤 詰 嫁 献 舅 跪 飭 義 感

禁 解 業 [illegible] 窟 頌 愚 幹 靴 鼓

敬 畸 祺 極 嘗 萼 過 筵 遇 賈

虞 禽 裘 詭 靳 粳 煢 愷 誼 該

鉤 隑 碕 鉗 詬 筦 葛 馯 概 預

筱 睍 詣 滈 聕 郜 遊 溶 鉛 傭

十三畫（續）

椰 楊 稚 暘 衙 預 意 碗 爺 園

葉 煬 徭 搖 圓 瑒 瑛 雍 瑀 鳩

萬

十四畫——木

寡 慷 慨 綺 綱 緊 誥 誠 語 銀

漪 滸 滾 構 僑 僥 僞 兢 赫 旗

箇 閣 境 夐 輕 嘉 箕 歌 犒 愿

管 嘏 疑 蓋 蒯 獃 毓 敲 開 匱

綮 幗 綦 禡 暠 睍 賏 榮 瑤 演

與 漎 遙 銚 榣 鄘 蓉 遠 榕 榬

十五畫——木

嶔 潔 廣 澆 潰 樞 稼 儉 價 儀

鞏 課 駕 毅 劇 靠 慶 嫻 緊 嬌

十五畫（續）

褲 誼 頡 窮 確 劍 駒 ⿰糹皆 麪 概

撓 蔪 ⿰韋艮 賢 樛 轂 燃 稿 膠 澔

暠 億 鋙 憬 皞 樣 億 穎 養 影

豌 熲 憂 嫺 緱 儉 稿 稽

十六畫──木

鋼 錡 鋸 機 橋 橘 鎣 璣 環 諧

諺 諼 頻 圜 縣 曉 燕 器 館 彊

檗 餤 墾 暨 冀 豫 燃 頤 諫 諶

翰 激 據 蕑 蕎 蕘 燚 皞 餘 鴛

融 鄴 穎 嬴 壅

十七畫——木

顆 鍵 謙 璩 歛 檢 嶽 懇 擎 擊

擱 擬 矯 舉 糠 鄭 講 谿 霛 罄

十七畫（續）

【豁】【黜】【邀】【鞠】【覬】【賺】【鍋】【薑】【薊】【磯】

【瞰】【騂】【謇】【懃】【麯】【遽】【闊】【鍇】【皞】【藹】

【應】【隱】【嬰】【轅】【頴】【優】【繇】【蹇】【戲】【 】

十八畫——木

【翹】【謹】【繞】【騏】【歸】【瞼】【簡】【舊】【闕】【顏】

【騎】【鵑】【黠】【瞽】【擷】【覲】【顎】【襟】【舉】【蟜】

十九畫——木

擾 鎧 魏 鵠 皦 瞿 雞 薾 曜 鎬

鎔 醫 鄾 鼬 舊

顗 關 鏡 麒 鏗 瓊 曠 鯨 願 蟻

蟹 藝 繫 疆 麴 蹶 餽 藙 瀥 瀛

瀚

二十畫——木

曦 議 齣 勸 繼 覺 警 懸 嚳 嚴

豐 犧 闞 礦 競 鏹 譍 鐗 黥 鐃

蘄 耀 贏 騫

二十一畫——木

顧 灌 齦 巍 驅 顥 饒 囂 鷄 夔

譴 蘖 蘧 饋 譽 騹 鰝 瓔 櫻 躍

二十二畫——木

權 鑒 鑑 儼 竊 攜 龔 鬻

二十三畫——木

巖 驗 攬 鑛 籲 齮 瀛 纓

二十四畫——木

鷹 蠶 瓛 灝 罐 釀 靄 贛 鸂 衢

艷

二十五畫——木

觀 虪

二十六畫——木

驥 籯

二十七畫——木

灩

二十八畫——木

戇

三十畫——木

水

二畫——水

八 几 卜 也 匕

三畫——水

下 亡 凡 个 凢 丌 万

四畫——水

巴 文 化 匹 夫 木 丰 方 互 分

勿 比 反 戶 毛 父 火 幻 不 卞

云什片仈仆尹允王五午
及壬欠

五畫——水

民弘布平皮丕付玄丙白
包目必禾本弁半兄矛疋
北卯弗未末皿母戊穴叶
氾乏卉甲

六畫——水

好 伏 行 仿 向 合 兇 血 名 回

妃 灰 牝 肉 百 米 冰 伐 牟 并

朴 忙 糸 汎 帆 乒 孖 忛 乓 伕

互 任 氾

七畫——水

希 孚 孝 汾 宏 妙 甫 芒 扶 判

伯 兵 何 尾 杏 步 每 姒 亨 貝

別 坊 沐 忘 佛 系 含 拋 沒 防

妨 否 邦 牡 汶 罕 巫 伴 坟 况

坂 斈 坎 沛 彣 采 孛 刨 邠 匣

汲 坌 免 把 夆 吻 位 汪 忹 妘

妊 夾 吟 妗 快 坎

八畫——水

河 法 泊 波 泓 泯 抱 拍 坡 坪

八畫（續）

侔 佩 彼 杷 板 杭 杯 枚 妹 炑

炫 武 朋 孟 芬 甭 命 享 和 門

府 奉 花 芙 肥 明 陂 岸 房 放

昏 卹 並 忽 味 幸 或 協 帛 服

氓 弦 芳 物 盲 虎 旻 呼 芽 表

肪 非 玫 罔 版 秉 咊 音 阜 効

籴 牧 函 肸 幷 爬 卑 杳 盱 宓

佫 庌 芸 況 狐 彿 芠 帕 弦 育

沓 附 枉 往 旺 委 金 季 和 凭

奄 炅

九畫——水

炳 侯 保 便 係 衍 後 派 洽 柄

柏 秒 胖 茂 飛 厚 陌 屏 香 美

九畫（續）

風 品 珀 拜 盆 恨 巷 盻 盂 勃

眇 咸 眉 炫 昧 皇 面 迫 版 苗

背 封 負 某 胞 扁 毘 娃 奔 哈

厖 宦 秏 盼 冒 苦 俠 勉 奐 茅

苻 苐 砍 恒 俙 洐 威 哘 垳 姮

赴 玹 芮 郄 胡 音 癸 革 急

浦浮娑紋紡紛倍倖候併
俵俸俯倣核桓校秘秤夏
班捕烜圃訓峰剖畝效畔
埋旁冥烘破砲笏臭蚊豹
配釜馬荒航害珮脈眠病
疲耘耗袍袜浲被逢耄紜
峽盍栢荇珩茗浠涓浡俙

十畫（續）

悕 唏 烆 胻 紊 浤 悟 烏 茬 粉

珞 庫 笈 珪 衾 級

十一畫——水

猛 淳 絆 排 培 偏 徘 貨 梗 梅

逢 婚 婦 婞 陪 部 惇 習 閈 匾

望 敏 副 凰 婆 務 密 彪 莆 敗

堃	偉	勘	患	符	晦
陰	惟	梵	問	斌	崩
	唯	桸	笨	梶	毫
	混	晞	烽	麥	匏
	淹	尉	嵐	晚	訪
	淯	莫	斐	粕	曼
	欲	涵	患	麻	販
	庵	滮	瓶	脖	票
	規	裄	畢	覓	釩
	域	絅	扈	盒	彬

十二畫—水

悶萍馮渾湣評斑棚棒棉
棓換揮琵棼媚發弼賁徨
湍喜惠焙惶斐閔帽報筏
補備蛤買寒雲富媒項復
費賀萌普貿番華堡扉悲
喚傍幅琶博欻無雱菲斌
雰閑蛙莽淼渺筆傍敞[illegible]

跋彭傅虛閎稀鉼評堪渼

雯媛菡閒勛竑湖惲爲圍

渭渾温渦蛙畫壺鄆媧

十三畫——水

鄉萬雹遍滑滅葆楓楣稗

暉煥煤煇煌聘頒號瓶會

蜂募媽溥盟碑飯雩較微

十三畫（續）

鈵 鉢 瑁 睦 媲 腹 匯 愍 暋 嬰

傴 群 運 瑚 瑋 溫 暗 話 煒 葦

隕 鄔 葫 歆 塊 暌 葵 辟 賁

十四畫——水

幣 網 綿 誨 滹 漠 漢 漂 銘 福

複 漫 榜 摸 僕 嫚 聞 飼 輔 碧

飽	幕	僖	蒻	滵	維
蜜	慢	蒙	碸	激	劃
魂	髦	蒲	箔	凴	衛
鳳	熏	罰	瞀	蔄	睽
鳴	閩	閥	槑	慲	
鼻	舞	槐	瑪	𣸣	
夢	貌	熙	箁	瀎	
裴	窪	膊	駁	滮	
豪	賓	瑰	幔	嘧	
閤	滿	橲	嫲	魁	

十五畫——水

編 緘 鋒 標 模 僻 翩 暴 舖 範

廟 魄 嬉 磐 蝦 蝠 慕 餅 暮 輝

劈 慧 墨 瞑 篇 賣 輩 醇 瞞 摩

盤 賠 蝙 樗 憤 賦 蔓 熛 鋪 霈

箲 嫵 髮 樊 緡 蓬 嫹 獱 麃 敷

緬 領 樠 緜 播 潘 儈 潽 蔚 慰

鋆鋇蔴彆蕋憫緯糊蝴衛

寬貌

十六畫——水

橫樺燁璠謀熹壁學磨勳

興霏穆羲奮頷瞞默憲熺

縛衡辨霍憑頻黔蕃寰磡

蕙璞樸熈凞謂鴨衞蔿遺

十六畫（續）

錦 龜 醌

十七畫——水

縛 薄 鴻 燮 繁 霞 禧 壕 臏 濱

餠 篷 獲 薇 邁 嬪 縫 濮 還 褱

鎂 辨 糜 麋 繆 儦 縻 檜 徽 懋

幫 韓 瞷 環 [illegible] 礂 醞 馘

十八畫——水

謬 薰 豐 總 馥 謨 闖 翻 覆 蹣

鞭 璧 績 燻 穢

十九畫——水

鏢 譜 靡 懷 嚭 鵬 霧 繪 穫 嚮

羹 霪 簿 龐 瀚 藩 攀 譆 韻 穩

蘊 邊

二十畫——水

寶 獻 礬 飄 蘋 麵 灝 矍 曦 蘅

二十一畫——水

護 鶴 轟 霹 辯 霸 黯 飆 酆 攜

二十二畫——水

驊 穰 響 鰻 歡 羇 龕 龢 彎

二十三畫——水

顯 囍 變 鑣 黴

二十四畫——水

灞 羈

二十五畫——水

蠻 饗 灣 讙

二十九畫——水

灩

火

二畫——火

二 丁 刀 力 了 乃 刁 又

三畫——火

大 子 土 女 已 弋 孑 勺

四畫——火

日 中 丑 斗 內 屯 太 天 六 丹

井 弔 止 之 歹 仍 支 夃

五畫——火

正 代 旦 冬 立 田 叮 汀 他 令

召 台 尼 札 另 奴 打 朮 冉 仝

丼 尔 扔 以 右 宁

六畫——火

老 自 至 竹 尖 仲 劣 列 匠 地

吐 多 耳 舌 宅 朵 虫 同 年 肋

圳 灯 妁 玎 早 吏 舟 扔 劦 州

六畫（續）

刑 全 汛 肉 迈 艿 □ □ □ □

七畫——火

兑 那 良 男 甸 佟 里 牢 廷 呂

住 志 呈 佃 伶 冶 灶 体 坍 利

杖 足 沚 町 李 豆 冷 吞 弄 努

低 彤 但 妥 卵 投 弟 即 兩 坐

姉芍秃妞佴投形忒忑佚

佗狄邢迅忐沃佑佇杜

八畫——火

沺治注沼招抵抽拐坦侗

佻侈侍岱例徂征林杵杻

妮姐典卓直來到周長定

知東忠制爭卒冽怙店念

八畫（續）

底 的 竺 弩 茳 奈 乳 糾 姊 帖

忝 怛 怜 芝 爭 姤 姐 枕 帙 毒

沓 咀 咍 拓 拏 帑 糾 泥 泆 泠

邸 陀 侑 帎 易 芿 杼

九畫——火

侶 俊 待 律 洲 洞 染 柳 柚 洛

囿	型	者	恬	珧	耐	紂
	信	卽	柱	突	帝	祉
	勅	斫	剌	訂	南	衲
	宥	彫	俐	郎	亭	苕
	苡	弇	段	政	盾	珍
	苳	冑	姹	胎	垣	重
	苒	垌	怨	怠	迢	貞
	珃	俗	郅	怒	奏	炤
	宥	胆	泰	玲	度	昭
	津	迭	盈	柬	炭	亮

十畫——火

浪 流 涕 涷 紐 納 倫 倒 倬 值

徒 桃 桐 株 秩 娣 娜 娘 祖 娌

陣 致 唐 朔 烈 庭 悌 託 能 晁

展 振 晉 砧 恕 料 旃 島 狷 特

朕 畜 耄 討 釘 茶 秦 留 退 疾

祚 追 郎 淩 栗 捉 祝 鬥 明 疼

席 浚 酌 峻 迺 鬲 旅 紙 涂 涉

狼脂茲後祐涅准珞娗茼

苧琿朗柴党茨茬

十一畫——火

崙淋添淡涼淘淩理琅朗

琉接探停偵婁第荼淪逗

郴郲豚條從梯通連逐透

陸陵陳陶累將章翎堂莨

十一畫（續）

梨 動 執 犁 張 敕 頂 鹿 梁 略

釣 莉 笠 粒 袋 脫 聆 羚 帳 紫

得 帶 笞 笛 聊 翊 鳥 匿 聃 荻

終 戚 推 眺 窕 雀 啄 組 處 桶

焌 淂 彫 設 情 眾 祭 啖 倰 勒

莘 逡 淄 梓 都 莛 婥 淖 紵 寂

統鈍鈉湯渡湞琢盜診証

琳棟植提堤場程筌敦婷

喨童軼貼登嵐軸答痛萎

硫勞剴筒隆單棠貯進量

短都巽等衕甯閏軫朝隊

智循就裡鈕萊尋棗瑇琰

替絡晴衆貳援棣貂堵椒

十二畫（續）

焦 屠 粥 揣 萇 逮 隋 着 週 竣

舜 湳 喃 焯 腆 逸 詅 菡 菚 茹

翔 菻 盜 畯 奠 楹 覃

十三畫——火

道 遂 達 鈴 鉦 鈿 塗 溜 傳 楠

廊 稔 稜 暖 煉 煖 蒂 當 鼎 萳

雷 跡 督 塔 農 雉 殿 電 董 馳

煎 頓 路 零 詹 媸 祿 腰 艇 碖

裏 粮 甯 腸 嫋 廉 僂 鄒 跳 著

豊 滇 填 置 落 溢 載 粲 戢 歃

雓 睢 準 斟 資 楚 稠 葴 塋 雋

榲 蒕 碇 塱 滔 溍

十四畫——火

盡 漲 寧 綠 綸 綽 綾 誌 滌 銓

銅 禎 種 僚 嫩 嫡 對 戩 團 裳

獎 態 端 圖 榴 榔 彰 爾 塵 暢

菱 辣 蓁 臺 瑭 蓄 齊 際 嘆 摘

領 瑯 遛 臧 滕 緒 滎 熒 誕 斲

踆 犖 瑱 察 僮 嫘 雒 翟 遜 製

趧 貍 榛

墀 瑾 緞 緹 練 締 緩 潭 潮 潤

澂 澄 樟 樓 稻 樑 徵 徹 德 璃

劉 諒 箭 豎 樂 調 鬧 蓮 慮 璋

彈 談 層 墩 璉 輪 皚 敵 論 適

暢 蝶 鼐 暫 駐 質 寮 魯 撮 霆

踏 嘴 蔣 熥 稷 瑩 歎 澈 駝 誰

箴 樅 儂 厲 履 摯 閭 霅 諄 潛

十五畫（續）

膝 鄩 鋕 鋌 閬 鋑 摯

十六畫——火

錠 錢 錄 樽 積 燐 燈 燉 澤 諮

諦 濃 潞 臻 賴 歷 築 靛 螣 蹄

頭 導 霖 搖 曆 龍 儔 盧 壇 糖

蕊 奮 擇 儘 諾 燑 曇 澧 頹 澹

擋
樵
縈
螢
縢
雕
駱
篤
整
諸

⿰目翏
濁
獨
操
朝
蕩
遴
遙
濡
澤

潛
燊

十七畫——火

鍛
鍍
縺
績
聯
褻
儡
勵
彌
糖

濤
檀
瞳
氈
濟
嶺
嬭
瞭
縱
螳

襄
臨
螺
燧
鍊
黛
隸
輾
濯
營

十七畫（續）

濴 膽 駿 黏 膽 盪 醜 斂 瞬 戴

薪 鍩 穗 懦 瞫

十八畫——火

燼 鎮 禮 鎚 儲 斷 燾 爵 獵 糧

瞻 轉 職 蟲 壘 鯉 濼 題 釐 藏

簪 藍 聶 檻 鎌 戴 叢 鄉 瀅 繪

熒 [illegible] 藉 鎰

十九畫——火

獺 鏐 藤 譚 羅 韜 離 轍 贈 證

麗 羸 鏈 類 禱 禰 簾 蠊 譙 瀠

顛 鵬 麓 鯫 穨 疇 贊 犢 難 鏤

藜 隴

二十畫——火

鐔 瀾 騰 籃 鐙 贍 礫 籍 闌 壤

朧 黨 竇 爐 齡 纂 豒 觸 鯽 醴

二十畫（續）

⿰享單 艦 爐 騶 飂 瓏 蘆 藺 籍

二十一畫——火

纏 攝 蘭 躋 鐵 籐 覽 露 蠟 鰨

齎 蠡 鐸 鐮 纍

二十二畫——火

疊 籠 讀 霽 聽 巔 酈 躒 顫 巒

囊 鑄 鱄 籛 羅 鷞 孋 攤 顩

二十三畫——火

鑪 鑠 欒 體 戀 麟 邏 鱗

二十四畫——火

讓 靈 靂 鷺 籬 贏 癲 靆 曮

二十五畫——火

糶 釁 廳

二十六畫——火

灤 爩

二十七畫——火

驤 纜 鑼 鑾 豓

二十八畫——火

豔

一畫——土

一

三畫——土

也 么 兀

四畫——土

厄 曰

五畫——土

央 瓦

六畫——土

安 屹 邗 合 亥 艮

七畫——土

杌 克

八畫——土

押 夜 阿 亞 肴 刻

九畫——土

洪 映 胃 要 屋 甮 歪 哀 兖 爰

紅 為 垚 苛 厚

十畫——土

浴 晏 案 翁 盎 邕 宮 高 娥 候

十一畫——土

紬 偃 圉 敖 偶 埜 焉

十二畫——土

握 黃 翕 黑 壹 堰 惡 雄

十三畫——土

遐 瑕 項 煙 矮 奧 愛 飲 蛾 傲

十四畫——土

鄢 熊 滆 嫣

十五畫——土

歐 鞍 蝯 耦 敖 潢 遨 槱 蔫 頞

十六畫——土

歙 甌 璜 褰 澳 謁

十七畫——土

壑 壓 覬 闈

十八畫——土

謳 雝 韗

十九畫——土

嬿 鏖

二十畫——土

藹

二十一畫——土

躍 鶯 騫

二十二畫——土

懿

二十四畫——土

鹽

二十五畫——土

靉

二十九畫——土

鬱 爨

居

張甘

林

[illegible]

取名用字

依筆畫順序

一畫——土
一

一畫——木
乙

二畫——金
七
人
入
十

二畫——木
九

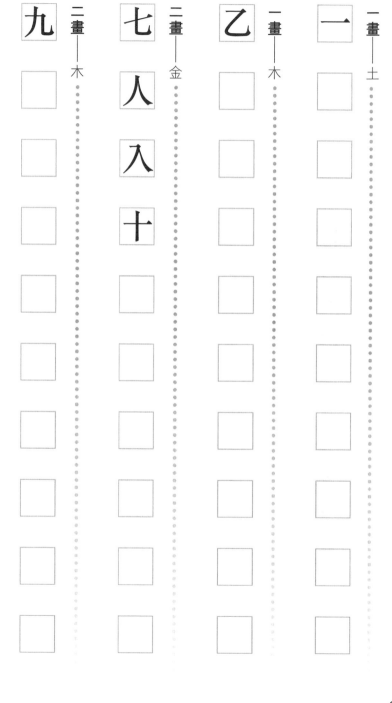

二畫——水

八 几 卜 乜 匕

二畫——火

二 丁 刀 力 了 乃 刁 又

三畫——金

三 千 小 上 山 川 士 才 寸 夕

刃 尸 于

三畫—木

久 己 工 口 乞 巾 干 弓 兀 丸

三畫—水

下 亡 凡 万 个 凢 丌

三畫—火

大 子 土 女 已 弋 孑 勺

三畫—土

也 么 兀

四畫——金

心 仁 氏 升 什 水 仇 手 尺 切

少 殳 仉 月

四畫——木

公 介 元 牛 勻 孔 今 亢 犬 斤

戈 牙 爪 支 兮 勾 引 尤 六 友

予

四畫——水

巴 文 化 匹 夫 木 丰 方 互 分
勿 比 反 戶 毛 父 火 幻 不 卞
云 什 片 仈 仆 尹 允 王 五 午
壬 及 毋 欠

四畫——火

日 中 丑 斗 內 屯 太 天 六 丹
井 弔 止 之 歹 仍 支 夃

四畫——土

厄 曰

五畫——金

左 生 史 仙 占 冊 申 仕 世 市

四 司 出 仟 且 示 石 失 匆 只

主 矢

五畫—木

古加玉可刊功瓜甘丘句

外巨去巧卡夯尻永用幼

由仔

五畫—水

民弘布平皮丕付玄丙白

包目必禾本弁半兄矛疋

北卯弗未末皿母戊穴叶

氾 乏 卉 甲

五畫——火

正 代 旦 冬 立 田 叮 汀 他 令

召 台 尼 札 另 奴 打 朮 冉 仝

丼 尔 扔 右 以 宁

五畫——土

央 瓦

六畫——金

字次守如在西充再存夙

色式先阡丞寺旬死戍曳

庄收旨朱此池臣兆冲束

忖全弛亘邗亦戌汐

六畫——木

圭伍交旭价吉仰曲共光

伉企各戎机考汗件朽弛

伎江屹匡危夸臼奸而肌

仵邛玕因衣有伊休夷羊

印汝羽宇汜夸

六畫——水

好伏行仿向合兇血名回

妃灰牝肉百米冰伐牟并

朴忙糸汎忛帆乒乓孖佚

六畫——水（續）

互 任 氾

六畫——火

老 自 至 竹 尖 仲 劣 列 匠 地

吐 多 耳 舌 宅 朵 虫 同 年 肋

圳 灯 妁 玎 早 吏 舟 扔 劦 州

刑 全 汛 囟 芀 迡 用

六畫——土

安 屹 邗 后 亥 艮

七畫——金

巡 成 助 車 作 伸 辰 忱 身 孜

佐 肖 秀 沙 伺 杉 坐 束 村 宋

序 赤 妝 私 壯 串 些 吹 材 沁

忍 沖 沈 走 辛 抄 初 㕣 声 余

佴 迂 邪 芊 汭 劭 邑 折 圻 好

七畫——木

言求見更角君均吾改旱
吳谷究坑岐我岑估妓局
劫戒告杆技汽決肝狂抗
攻忌困沅沂玖妧盰却宊
灸坑汞妖盵佮呆沃吸佉
阬杞汲忻阮沉酉攸圻岓
完似抑吾沇

希孚孝汾宏妙甫芒扶判
伯兵何尾杏步每妣亨貝
別坊沐忘佛系含拋沒防
妨否邦牡汶罕巫伴坟况
坂斈坎沛尨孛刨邠匣汲
坌免把夆呆吻位汪忹妘
妊坎夾吟妗快

七畫——火

兑那良男甸佟里牢廷呂
住志呈佃伶冶灶体坍利
杖足沚町李豆冷吞弄努
低彤但妥卵投弟即兩坌
姊芍秃妞佴投形忒忑佚
佗狄邢迅忐沃佑佇杜

七畫——土

杌 克

八畫——金

拆 拙 侃 使 松 姍 姓 炊 昇 尚

宗 社 受 虱 事 狀 承 始 昌 宙

舍 青 叔 昔 取 刷 妻 所 祀 性

芯 衫 刹 采 徃 刺 垂 佽 芮 盂

爭 妾 於 柿 臾 冼 邵 玥 柄 夜

八畫——木

昊泔拘拒坤佳供佶枝析

姁炘宜奇岡庚欣居玠岳

固其玩岩果劻昆卷斧昂

京空卦孤官肯券屈怪肩

臥近衿乖穹姑炆玦咎羌

具狗怡祁股炎兒延佼依

泳芪祇泑泱迎油宛泣衩

沿昀雨杍炔

八畫——水

河法泊波泓泯抱拍坡坪

侔佩彼杷板杭杯枚妹炑

炫武朋盂芬甭命享和門

府奉花芙肥明陂岸房放

昏卹並忽味幸或協帛服

八畫——水（續）

氓弦芳物盲虎旻呼芽表

肪非玫罔版秉咊音阜効

籴牧函肸幷爬卑杳旴宓

佫庠芸況狐彿艾帕宛育

帕附枉往旺委金季杳凭

奄炅和

泗　治　注　沼　招　抵　抽　拐　坦　侗

佻　侈　侍　岱　例　徂　征　林　杵　杻

妮　姐　典　卓　直　來　到　周　長　定

知　東　忠　制　爭　卒　洌　怗　店　念

底　的　竺　弩　芷　奈　乳　糾　姊　帖

忝　怚　怜　芝　爭　妬　妲　枕　帙　毒

沓　咀　咍　拓　孥　帑　糾　泥　泆　泠

八畫——火（續）

邸 陀 侑 柊 易 莇 杼

八畫——土

押 夜 阿 亞 肴 刻

九畫——金

俟 促 侵 洗 津 洒 洛 柘 相 秋 是 首 則 哉 泉 前 省 思 若 持

帥宣亘俞春星指珊食砂

削查柔施姿昨室甚峙拾

洂狩牲恤昰籾柴胥胙郜

[illegible]洆[illegible]侵洙姝昱穿紆苫

述奕弈叙洩俟約

九畫——木

俄洸洨柑柯科紀祈皆胤

九畫——木（續）

彥 契 妍 羿 計 禹 軌 建 冠 客

炬 哄 架 降 界 勁 姜 剋 故 竿

看 奎 虹 珈 姣 括 既 郊 姱 枯

衿 恢 昴 狡 卻 叚 咼 姞 紈 郁

迦 很 垠 拱 恪 苟 俙 洏 洘 洭

珏 苑 洋 英 姻 姚 衵 浓 幽 勇

祇 昀 軍 禹 耶 約 映

九畫——水

炳 侯 保 便 係 衍 後 派 洽 柄

柏 秒 胖 茂 飛 厚 陌 屏 香 美

風 品 珀 拜 盆 恨 巷 盼 盃 勃

眇 咸 眉 炫 昧 皇 面 迫 版 苗

背 封 負 某 胞 扁 昆 娃 奔 哈

九畫——水（續）

庬 宧 秏 盼 冒 苦 俠 勉 奐 茅

苻 茀 砍 恒 俙 洐 威 赴 垳 哘

姮 韋 畏 活 玹 芮 郄 胡 音 癸

革 急

九畫——火

侶 俊 待 律 洲 洞 染 柳 柚 洛

囿	迭	盈	恬	珖	耐	紂
	型	者	柱	突	帝	祉
	信	卽	刺	訂	南	衲
	勅	斫	俐	郎	亭	苕
	宥	耏	段	政	盾	珍
	苡	弇	姹	胎	垣	重
	苳	胄	致	怠	迢	貞
	珃	垌	怨	怒	奏	炤
	苒	俗	郅	玲	度	昭
	津	胆	泰	柬	炭	亮

九畫——土

洪映胃要屋畱歪哀兗爰
紅為垚苛厚

十畫——金

消浸酒浙恣純紗修倩借
徐栖娠陞時宰孫珣宸財
師倉釗珠悅桑弱素書租
乘射席殉茸祠座息殊栽

真神茱笑訕閃隼草索茜
袖送烝差翅豺衰茹卻郗
郟除唇宬哲城衷芻恥荀
陝倪清針

十畫—木

浩涓俔倚個徑屐桂格根
栓娛娟耿家起記矩祜剛

十畫——木（續）

玹 荃 恭 原 豈 哥 拳 躬 峨 氣

罡 缺 悍 虔 貢 鬼 骨 郡 晃 耕

兼 俱 娙 尅 姬 奚 羌 耆 桀 海

皋 倔 栩 荊 卿 茵 恩 殷 益 ⿱艹厓

珚 烟 晧 悎 胭 浟 倇 原 員 容

袁 院 軒 宴

浦浮娑紋紡紛倍倖候俵
俸俯倣核桓校秘秤夏班
捕烜圃訓峰剖畝效畔埋
旁冥烘破砲笏臭蚊豹配
釜馬荒航害珮脈眠病疲
耘耗袍袜浲被逄耄紜峽

十畫—水（續）

盇 栢 荇 珩 茗 浠 俙 悕 唏 涓

涍 烆 胻 紊 珞 浤 烏 茬 粉 悟

庫 笈 珪 衾 級

十畫—火

浪 流 涕 涑 紐 納 倫 倒 倬 值

徒 桃 桐 株 秩 娣 娜 娘 祖 娌

陣致唐朔烈庭悌託能晁

展振晉砧恕料旃島涓特

朕畜討釘茶秦留退疾祚

追郎淩栗捉祝鬥朋疼席

浚酌峻迺鬲旅紙涂涉狼

脂茲後涅祐准茼珞娫茡

朗党珒柴耄茨茬

十畫——土

浴宴案翁盎邕娥宮高候

十一畫——金

淑清深淨淞莎紳細紹琇

授措側梢造速匙惜參雪

專晨祥船常崢崧崇趾莊

彩釧唱商寂庶巢宿悉旋

斜爽率晟粗旌敘窓羞廁

做曹魚殺庚盛崔淺從術

習捨莘笙產笱設液釵責

赦雀訟紫蒡翌翊捷莀紹

掚偌

十一畫—木

捲倏救淇涯淦絅球掘掛

堀頃健偕御械梧娸烷郭

十一畫——木（續）

康國教基崑啟堅莞乾區

崎寄既晤眼毬晈眷研竟

袈寇圈趁啓勗欸現梟夠

距假莧斛馗移許訢訛牽

崖渠莒郳偽晞烯菩埶珺

帺晧淏涴悠寅晝異淵軟

庸 涎 埼 婉 野

十一畫—水

猛 淳 絆 排 培 偏 徘 貨 梗 梅

逢 婚 婦 婞 陪 部 惇 習 閈 匾

望 敏 副 凰 婆 務 密 彪 莆 敗

晦 崩 毫 匏 訪 曼 販 票 釩 彬

符 斌 梶 麥 晚 粕 麻 脖 覓 盒

十一畫—水（續）

患 問 笨 烽 嵐 斐 患 瓶 畢 扈

莫 勘 梵 晞 棛 尉 涵 淲 偉 衕

紖 惟 唯 混 淹 淯 欲 庵 規 域

堃 陰

十一畫—火

崙 淋 添 淡 涼 淘 淩 理 琅 朗

琉接探停偵婁第荼淪逗
郴郲豚條從梯通連逐透
陸陵陳陶累將章翎堂莨
梨動執犁張敕頂鹿梁略
釣莉笠粒翊袋脫聆羚帳
紫得帶答笛聊莘鳥匿聃
荻終戚推眺窕雀啄組處

十一畫——火（續）

桶 焌 淂 彫 設 情 眾 祭 啖 勒

梓 俊 逡 淄 都 莛 婥 淖 紓 寂

十一畫——土

紬 偃 圉 敖 偶 埜 焉

十二畫——金

絕 絲 絨 鈔 絢 測 盛 渝 湘 湫

註詞詔訴詐琮琖棧菘森

税稍竦創須筍絮殘尊窗

策黍象裁勝斯視裕超曾

殖甦掌晶菁最甥粧善喻

愉集順舒剩菜散疎淥淑

琛粟犀渻隋猩疏肅萃喧

渲

十二畫—木

絖 給 絞 結 鈞 欽 港 減 琦 琪

琴 琨 棋 椅 棍 晥 揭 稀 期 景

開 皓 堯 雁 蛟 菊 敢 傑 硯 幾

嵌 貴 凱 卿 欺 雅 割 寓 筐 貫

棨 項 喬 殼 窘 覘 強 間 款 硬

裙 琹 堦 街 渠 絳 湛 菅 嵇 鄂

揆 焱 焰 琼 裓 鈎 然 辜 晵 閒

逵棄慨焮詒[illegible]萱貽琚焜

菸莚揚陽晲萁傐琬詠莧

菀越傜猶渶湮郵游[illegible]尋

十二畫——水

悶萍馮渾湑評斑棚棒棉

棓換揮琵棼媚發弼賁徨

湍喜惠焙惶斐閔帽報筏

十二畫——水（續）

補 備 蛤 買 雄 寒 雲 富 媒 [illegible]

項 復 費 賀 萌 普 貿 番 華 堡

菲 扉 悲 喚 傍 幅 琶 博 欻 無

雱 斌 雰 閑 蛙 莽 淼 渺 筆 傍

敝 跋 彭 傅 虛 閎 稀 鉼 評 堪

渼 雯 媛 菡 間 勛 竑 湖 惲 爲

圍渭渾温渦蛙畫壺鄆媧
畢

十二畫—火

統鈍鈉湯渡湞琢盜診証
琳棟植提堤場程筌敦婷
喨童軼貼登嵐軸答痛萎
硫勞剴筒隆單棠貯進量

十二畫——火（續）

短都巽等舜竣週衕甯閏

軫朝隊智循就裡鈕萊尋

棗瑇琰替絡晴眾貳援翔

棣貂堵椒督焦屠粥揣萇

茹萋逮着焯湳喃腆逸詒

菡菻盜睃奠楹覃

十二畫—土

握 黃 翕 黑 壹 堰 惡 雄

十三畫—金

施 瑜 瑄 瑞 滄 滋 溲 債 催 椿

楫 榆 暄 詩 詢 詳 試 馴 傷 新

聖 勢 歲 蜀 想 軾 肆 蜃 裟 載

靖 嗣 暑 獅 裝 鼠 愈 剿 慎 亶

萱 媵 愁 酬 勣 綉 羨 煊 滏 葱

十三畫—金（續）

盞 瞧 絺 葳 馳 綏 煜 節 照 塞

嵩 睛 睬 楚 [illegible] 竫 裔 豎 嗇

十三畫—木

絹 經 瑟 鉅 鈺 源 溪 傾 楷 暇

誇 勤 詰 嫁 献 舅 跪 飭 義 感

禁 解 業 筠 窟 頌 愚 幹 靴 鼓

敬畸祺極甞萼過遇賈虞
禽裘詭靳粳煢愷筵該鉤
隑碕鉗詬筦葛馯概預筱
睨詣滈聕鄗遊瑛溶鉛傭
椰楊稚暘楀衙預意碗爺
園葉煬徭搖瑒圓雍瑀鳩
竩萬

十三畫——水

鄉萬雹遍滑滅葆楓楣稗
暉煥煤煇煌聘頒號瓶會
蜂募媽溥盟碑飯雩較微
鈵鉢瑁睦媲腹匯愍晵傴
嬰群運瑚瑋溫暗話煒葦
鄔葫歆塊暌葵隕

道 遂 達 鈴 鉦 鈿 塗 溜 傳 楠

廊 稔 稜 暖 煉 煖 蒂 當 鼎 萳

雷 跡 督 塔 農 雉 殿 電 董 馳

煎 頓 路 零 詹 媸 祿 腰 艇 碖

裏 粮 甯 腸 嫋 廉 僂 鄒 跳 著

豊 滇 填 置 落 溢 載 粲 戢 歂

雅 睢 準 斟 資 楚 稠 葴 塋 雋

十三畫——火（續）

榲 蒀 碇 朢 滔 溍

十三畫——土

遐 瑕 頊 煙 衙 矮 奧 愛 飲 蛾

傲

十四畫——金

綬 綜 慈 綢 認 誦 説 漬 漱 漩

誠稱槍標榭僧像精算聚

甄飾壽韶誓酸嘗瑲賑綜

翠箋粹署蒼需製蒨碩徹

箒實獎隙漕漁颯肇銛漆

睿鉞溦肈銚誘僐

十四畫——木

寡慊慨綺綱緊誥誡語銀

十四畫——木（續）

漪 滸 滾 構 僑 僥 僞 兢 赫 旗

箇 閣 境 夐 輕 嘉 箕 歌 犒 愿

管 嘏 疑 蓋 蒯 獃 毓 敲 匱 綮

幗 綦 禡 暠 聣 賏 榮 瑤 榣 鄘

蓉 遠 榕 閧 演 與 滺 遙 銚 監

禡 蒿 榱 鄘

幣網綿誨滹漠漢漂銘福

複漫榜摸僕嫚聞飼輔碧

飽蜜魂鳳熊鳴鼻夢裴豪

閣幕慢髦熏閩舞貌窪賓

滿僖蒙蒲罰閥槐熙溥瑰

棓蒻碸箔幔晢槑瑪箁駁

十四畫——水（續）

嫲 滵 溤 蔄 慲 漞 渷 滮 嘧 維

劃 潵 魁 銜 睽 槐

十四畫——火

盡 漲 寧 綠 綸 綽 綾 誌 滌 銓

銅 禎 種 僚 嫩 嫡 對 戩 團 裳

獎 態 端 圖 榴 榔 彰 爾 塵 暢

菱辣蓁臺瑭蓄齊際嘆摘
領瑯遛臧滕褚榮熒誕斲
犖填察僮嫘雒翟遜踆製
提貍榛碭

十四畫——土

鄢熊嫣漹

十五畫—金

節緒線鋤澍槽磋衝磁嬋

箱賞審幟銳霄熟趣賜震

數蝕嬃諄熱請靚璇銹碽

辤豬奭遲增號踐撰駟銷

隸蔡賢熵鋮[illegible]閱撒

十五畫—木

欽潔廣澆潰樞稼儉價儀

翬 課 駕 毅 劇 靠 慶 嫻 緊 嬌

褌 誼 頡 窮 確 劍 駒 緒 麪 概

撓 蔪 報 樛 穀 燃 稿 膠 澔 暠

賢 億 鋙 皞 樣 億 穎 養 影 豌

頫 憂 緱 儉 稽 憬 嫺

十五畫——水

編 緘 鋒 標 模 僻 翩 暴 鋪 範

十五畫——水（續）

廟 魄 嬉 磐 蝦 蝠 慕 餅 暮 輝

劈 慧 墨 瞑 篇 賣 輩 醇 瞞 摩

盤 賠 蝙 樗 憤 賦 蔓 熛 鋪 蔚

慰 霈 箲 嫵 髮 樊 緡 蓬 嫹 頻

麃 敷 緬 頜 樠 緜 播 潘 儈 潽

鋈 鋇 蔴 彆 蕋 緯 憫 糊 蝴 衛

寬貌

十五畫——火

墀瑾緞緹練締緩潭潮潤
澂澄樟樓稻樑徵徹德璃
劉諒箭豎樂調鬧蓮慮璋
彈談層墩璉輪皚敵論適
腸蝶鼐暫駐質寮魯撮霆

十五畫—火（續）

踏 嘴 蔣 熥 稷 瑩 歎 澈 駝 誰

箴 樅 儂 厲 履 摯 閭 雪 偖 諄

潛 膝 鄩 鋕 鋌 閬 鋑 摯

十五畫—土

億 歐 鞍 蝯 耦 熬 潢 邀 標 蔫

頞

十六畫——金

遵 錘 錐 錫 錯 熾 燒 諭 霑 遷

輯 靜 嬙 醒 儕 隨 戰 叡 霓 操

選 親 錞 錚 賴 蕭 憶 儒 燚 勸

樹 禤

十六畫——木

鋼 錡 鋸 機 橋 橘 縈 璣 環 諧

諺 諼 頰 圜 縣 曉 豫 器 館 彊

十六畫——木（續）

麇 餤 墾 暨 冀 燃 燕 頤 諫 諶

翰 激 據 蕑 蕘 蕎 鄰 皞 餘 鴐

融 穎 嬴 擁

十六畫——水

橫 樺 燁 璠 謀 熹 壁 學 磨 勳

興 霏 穆 羲 奮 頜 瞞 默 憲 熺

縛衡辨霍憑頻黔蕃寰磡
蕙璞樸凞㵟謂鴨龜衞蔿
遺錦靦醖

十六畫——火

錠錢錄樽積燐燈燉澤諮
諦濃潞臻賴歷築靛螣蹄
頭導霖擂曆龍儔盧壇糖

十六畫——火（續）

蕊 奮 擇 儘 諾 燑 曇 澧 頹 澹

凝 擋 樵 縈 螢 縢 雕 駱 篤 整

諸 瞭 濁 獨 操 蓢 蕩 遴 遹 澐

燊 澤 縉

十六畫——土

歙 甌 璜 褰 澳 謁

十七畫——金

賽 鍾 聲 璨 蹇 燦 聳 償 濕 禪
糟 燭 翼 縮 聰 總 鍬 謝 霜 餞
鮮 燥 齋 雖 輿 薛 鄺 儲 薔 隰
璵 燮 鍮 孺

十七畫——木

顆 鍵 謙 璩 斂 檢 嶽 懇 擎 擊
擱 擬 矯 舉 糠 艱 講 谿 霧 罄

十七畫—木（續）

豁 黚 邀 鞠 覬 賺 鍋 薑 薊 磯

瞰 騂 謇 懃 麯 遽 闊 鍇 皞 薃

優 應 隱 嬰 轅 繇 穎 蹇 戲

十七畫—水

縛 薄 鴻 燮 繁 霞 禧 壕 臏 濱

餅 篷 獲 薇 邁 嬪 縫 濮 還 褱

鎂辨糜麋繆儦縻檜徽懋

幫韓瞯環⿱林風⿰石喜醞馘

十七畫—火

鍛鍍縺績聯褻儡勵彌䊗

濤檀瞳氈濟嶺嬭瞭縱螳

襄臨螺燧鍊黛隸輾濯營

濴膽駿黏謄盪醜歛瞬戴

十七畫——火（續）

薪
鍩
穗
懦
瞫

十七畫——土

壑
壓
覬
闉

十八畫——金

翺
雙
顓
織
叢
賾
繕
蟬
觴
鎖
鬆
雜
礎
鎗
謦
薩
繡
雛
翼
璿

嚅 蕎

十八畫—木

翹 謹 繞 騏 歸 瞼 簡 舊 闕 顏

騎 鵑 黠 瞽 擷 覲 顎 襟 舉 蟜

擾 鎧 魏 鵠 曒 瞿 雞 薾 曜 鎬

鎔 醫 鄺 鼬 舊

十八畫——水

謬薰豐總馥謨闖翻覆蹣
鞭璧繢燻穢

十八畫——火

燼鎮禮鎚儲斷燾爵獵糧
瞻轉職蟲壘鯉濼題釐藏
簪藍聶檻鎌戴叢鯽熒端
藉鎰

十八畫—土

謳 雝 鞾

十九畫—金

獸 簽 鏘 鵲 識 辭 繩 鯖 繭 癡

藥 繹 譔 璽

十九畫—木

顗 關 鏡 麒 鏗 瓊 曠 鯨 願 蟻

蟹 藝 繫 疆 麴 蹶 餽 瀛 藙 㵳

十九畫——木（續）

瀚

十九畫——水

鏢 譜 靡 懷 嚭 鵬 霧 穫 嚮 羹

霪 簿 龐 瀚 藩 攀 譆 韻 穩 蘊

繪 邊

十九畫——火

獺 鏐 藤 譚 羅 韜 離 轍 贈 證

麗 嬴 鏈 類 禱 禰 簾 蠊 譙 瀠

顛 鵬 麓 鰥 穨 疇 贊 犢 難 鏤

藜 隴

十九畫——土

嬿 壢

二十畫—金

鐘 釋 藷 馨 繡 繻 譯 蘇 藻 籌

犨

二十畫—木

議 齣 勸 繼 覺 警 懸 嚳 嚴 豐

犧 闞 礦 競 鐻 譍 鐧 黥 鐃 蘄

曦 耀 贏 騫

二十畫—水

寶 獻 礬 飄 蘋 麵 灝 矍 曦 蘅

二十畫—火

鐔 瀾 騰 籃 鐙 贍 礫 籍 闡 壤

朧 黨 竇 爐 齡 纂 豑 觸 鯽 醴

韠 艦 爐 騶 飂 瓏 蘆 籍 藺

二十畫——土

藹

二十一畫——金

鐫 續 屬 襯 饌

二十一畫——木

顧 灌 齦 巍 驅 顥 饒 囂 鷄 夔

譴 蘖 蘧 饋 譽 驥 鰝 瓔 櫻 躍

二十一畫—水

護 鶴 轟 霹 辯 霸 黯 飜 酆 亹

攜

二十一畫—火

纏 攝 蘭 躋 鐵 籐 覽 露 蠟 鰨

齎 蠡 鐸 鐮 纍

二十一畫—土

趯 鶯 騫

二十二畫—金

鬚 攢 癬 櫼 灑 襲 贖

二十二畫—木

權 鑒 鑑 儼 竊 龔 鬻

二十二畫—水

驊 穰 響 鰻 歡 羇 龕 龢 彎

二十二畫——火

疊 籠 讀 霽 聽 巔 酈 躒 顫 巒

囊 鑄 鱄 籛 糴 鶧 孋 攤 顩

二十二畫——土

懿

二十三畫——金

蠲 籤 鱖 讎 讐 驛

二十三畫——木

巖驗攬鑛齏齮瀛纓

二十三畫——水

顯囍變鑣黴

二十三畫——火

鑢鑠欒體戀麟邏鱗

二十四畫——金

鑫

二十四畫——木

鷹 蠶 瓛 灝 鑵 釀 靄 贛 鸂 衢

艷

二十四畫——水

灞 羈

二十四畫——火

讓 靈 靂 鷺 籬 鸁 癲 靆 矚

二十四畫——土

鹽

二十五畫——金

鑰 纘 鑰

二十五畫——木

觀 顴

二十五畫——水

蠻 釁 灣 讙

二十五畫——火

耀 譽 廳

二十五畫——土

靉

二十六畫——金

讚

二十六畫——木

驥 籯

二十六畫——火

灤 釁

二十七畫——金

鑽

二十七畫——木

灩

二十七畫——火

驤 纜 鑼 鑾 豔

二十八畫—木

戇

二十八畫—火

豔

二十九畫—水

灩

二十九畫—土

鬱 爨

三十畫——木

原原原

蘇民峰玄學錦囊姓名篇 新修版

作者
蘇民峰

責任編輯
嚴瓊音

裝幀設計
羅美齡

排版
楊詠雯

出版者
圓方出版社
香港北角英皇道 499 號北角工業大廈 20 樓
電話：2564 7511
傳真：2565 5539
電郵：info@wanlibk.com
網址：http://www.wanlibk.com
http://www.facebook.com/wanlibk

發行者
香港聯合書刊物流有限公司
香港新界荃灣德士古道 220-248 號荃灣工業中心 16 樓
電話：2150 2100
傳真：2407 3062
電郵：info@suplogistics.com.hk

承印者
中華商務彩色印刷有限公司
香港新界大埔汀麗路 36 號

規格
32 開（216mm X 142mm）

出版日期
二〇二二年五月第一次印刷

ISBN 978-962-14-7412-4